Kurt Sowinetz · »Man müßt mit an Vogerl Bruderschaft trinken ...«

Kurt Sowinetz

»Man müßt mit an Vogerl Bruderschaft trinken ...«

Erinnerungen
von Inge und Dunja Sowinetz

Mit 56 Fotos
und 22 Textillustrationen

Amalthea

Bildnachweis

Privat: 1, 2, 9, 15–21, 27, 28, 30–32, 35, 41, 43, 50, 54–56; Bildarchiv Engelmeier, München: 46; Foto Doliwa, Wien: 3, 5, 11–13, 22, 24; Foto Schulda-Müller, Wien: 4, 6; Ernst Hausknost, Wien: 33, 34, 36, 37, 40; Elisabeth Hausmann, Wien: 44; Kanaan, Wien: 29; Johann Klinger, Wien: 38, 39; Kövesdi Presse Agentur, München: 47; Montana-Film-AG, Zürich: 25, 26; Viktor Mory, Wien 49, 51; Palffy, Wien: 42, 45, 48, 52; Pressefoto Horowitz, Wien: 53; Pressefoto Bruno Völkel, Wien: 7, 8, 10, 14, 23

Die Bilder von Kurt Sowinetz fotografierte Ulrich Reinthaller, Wien

Fotos auf der Schutzumschlag-Rückseite: Johann Klinger, Wien (Schwan), Will Appelt, Wien (»Die Abenteuer des braven Soldaten Schwejk«), Palffy, Wien (»Einer muß der Dumme sein«)

Der Verlag konnte in einzelnen Fällen die Inhaber der Rechte an den reproduzierten Fotos nicht ausfindig machen. Er bittet, ihm bestehende Ansprüche mitzuteilen.

Wir danken für die freundliche Genehmigung des Abdrucks:
Trude Marzik, Michael Nachmann für Kurt Nachmann, Peter Orthofer, Wolfgang Teuschl, Hans Weigel †
sowie folgenden Verlagen:
S. Fischer Verlag GmbH, Frankfurt am Main, für den Auszug aus Franz Werfel, »Jacobowsky und der Oberst«, enthalten in Franz Werfel »Gesammelte Werke – Die Dramen II«,
Josef Hochmuth Musikverlag, Wien, für das Lied von Wolfgang Teuschl, »Alle Menschen san ma zwider«, Co-Autor Kurt Sowinetz, Arrangement Hans Salomon,
Suhrkamp Verlag, Frankfurt am Main, für den Auszug aus Samuel Beckett, »Warten auf Godot«, Übersetzung von Elmar Tophoven

Umschlag: Wolfgang Heinzel, München
Umschlagfoto: Hans Weiss, Wien
Lektorat und Gestaltung des Bildteils: Dr. Bernhard Struckmeyer
Herstellung: Verlagsservice Dr. Helmut Neuberger
und Karl Schaumann, Heimstetten
Satz: Fotosatz Völkl, Puchheim
Gesetzt aus: 10,5/13 Punkt Lino-Walbaum
Druck und Bindung: Wiener Verlag, Himberg bei Wien
Printed in Austria 1991
ISBN 3-85002-315-X

Für Dich von mir,
von mir für Dich,
und von uns beiden für ihn,
an dem wir einen Narren
gefressen haben.

INGE UND DUNJA

Hopp heißa,
bei Regen und Wind!

DER NARR IN SHAKESPEARES
»WAS IHR WOLLT«

INHALT

VORWORT

»Fangt doch einfach mit dem Ende an!« hat man uns geraten.
Gut. Vorher wollen wir, meine Tochter und ich, aber ganz kurz erklären, warum wir uns entschlossen haben, die Aufzeichnung dieser Biographie – oder wie man es sonst nennen soll, das wissen wir jetzt noch nicht genau – selbst in die Hand zu nehmen. Wenn man über einen Menschen schreiben soll, der nicht mehr ist, ist das natürlich schwierig. Man kann ihn nicht mehr fragen: »War es so? ... oder so? ... und was war in diesem oder jenem Jahr ...?«
Kurt Sowinetz war ein Mensch, den eigentlich keiner wirklich ganz gekannt hat. Wer sollte also Genaueres wissen über ihn? Er lebte in einer ganz, ganz eigenen Welt, die oft beinahe getrennt zu existieren schien von den anderen Welten. Auch wir hatten nicht allzuoft die Gelegenheit, in diese spezielle Welt Einblick zu nehmen, aber, auch wenn es vermessen klingt, möglicherweise doch ein wenig öfter als andere. Vielleicht. Bei einem Glas Wein am Küchentisch oder so. Deshalb schreiben wir jetzt. Eine Biographie oder Lebensgeschichte, oder ...?

Wir wollten mit dem Ende beginnen. Aber was ist das Ende? Der Moment, wo der Sarg im Auto rund ums Burgtheater gefahren wird und man langsam hinterher geht, an einem kalten Februartag? Das Quartett, das auf der Feststiege Mozart spielt, ganz leicht und nicht wirklich traurig, das so ein bißchen etwas Himmlisches hat? Der Moment auf dem Döblinger Friedhof, wo die Urne ins Grab gesenkt wird und im gleichen Moment eine Unzahl von Krähen auffliegt, die einen so spontan an die Serie von Krähenzeichnungen von ihm erinnern, die er vor fünf, sechs Jahren angefertigt hat? Die Absurdität der Situation eines Begräbnisses?
Oder ist es ganz einfach der Moment, wo man all seine Bilder betrachtet, hier und jetzt, die an der Wand hängen: der traurige Clown, der Christus, das Sommernachtstraum-Aquarell, die einen in ihrer Präsenz und Gültigkeit ahnen lassen, daß es das sogenannte Ende gar nicht gibt?
Wissen Sie was? Wir lassen das Ende offen, in dem Bewußtsein, daß nichts ganz einfach aufhört zu sein. Und fangen wir lieber am Anfang an. Das heißt da, wo wir etwas vom Anfang aufspüren können.

OTTAKRING

Der Anfang ist irgendwo in den kleinen Pflastersteingassen von Ottakring zu suchen. Einem Ottakring, das heute nicht mehr existiert.

Das soll nicht heißen, daß dieses Ottakring der zwanziger und dreißiger Jahre so viel besser war als das heutige. Aber es war sehr, sehr anders. Die Arnethgasse, wo die Kinder barfuß herumgelaufen sind im Sommer; der Wirt an der Ecke Nr. 41, wo man mit Glaskrügeln das Bier geholt hat zum Mittagessen am Sonntag; die schweren Pferde, die die Brauereiwägen zogen und von denen eines den Kurti in die Schulter biß; der Sauerkrauterzeuger, bei dem die Kinder Kraut stampfen durften; und der Klosterkindergarten, wo die ehrwürdige Schwester, einem Nervenzusammenbruch nahe, Kurtis Mutter kommen ließ, um dieser schreckensbleich zu verkünden, daß ihr Sohn den Wunsch geäußert habe, Schauspieler zu werden, wenn er groß sei. Aber auch das Ottakring des Jahres 1934, wo die Familie an einem klirrenden Wintertag im Zimmer saß und er – das ist ein Bild, das ihm nie aus dem Kopf gegangen ist – die zischenden Bratäpfel auf dem Kanonenofen beobachtete, die eine seltsame Geborgenheit vermittelten, während in der Ferne die Schüsse des Bürgerkriegs zu hören waren. Die Mutter, eine hochmusikalische Schöne des 16. Bezirks, und der Vater, der eine Konzertgeigerlaufbahn anstrebte, die er aus finanziellen Gründen aufgeben mußte, und als zweiter Kapellmeister beim Zirkus Renz arbeitete, ermöglichten das Anmieten eines Klaviers, auf dem er bestimmte Melodien von Schubert üben konnte. Diesem Schubert, der so gut lustig sein konnte, mit seiner Wiener Leichtigkeit, um dann mit einem Schlag seine ganze Tragik aufzudecken, die darunter schlummert. Aus diesen Melodien war der Sowinetz wohl auch zusammengesetzt.

Was in den Jahren, die seinem zehnten Geburtstag folgten, geschah, können wir wieder nur seinen eher spärlichen Erzählungen von dieser schwarzen Zeit der Weltgeschichte entnehmen. Er war erstens noch sehr jung und zweitens, seinem Charakter entsprechend, weder damals noch später der intellektuelle Kämpfer gegen die Besetzer und jene, die nach Krieg schrien. Er führte immer einen ziemlich einsamen Kampf für seine ganz persönliche Freiheit. Wenn er je in seinem Leben einer Partei beitreten würde, dann höchstens der »Ein-Mann-Sowinetz-Partei«, hat er immer gesagt. Kurz nach dem 38er Jahr hat er den Roman von Remarque, »Im Westen nichts Neues«, in die Hände bekommen. Diese Geschichte eines 18jährigen, der den Ersten Weltkrieg an der vordersten Front mit all seinem

Grauen miterlebt und am Ende mit seinem Leben bezahlt, hat in ihm einen bleibenden Eindruck hinterlassen, und er wußte von da an, daß die befehlsausübende Masse nicht seine Sache ist. Und sie ist es, wie gesagt, auch nie geworden in den Jahrzehnten, die kommen sollten. Die Tatsache, daß er in diesen jungen Jahren bereits zum Individualisten wurde, bedeutet jedoch nicht, daß er sich nicht gleichzeitig für andere oder anderes interessierte. Was ihm aber in Erinnerung blieb, waren weniger die großen weltbewegenden Ereignisse, von denen andere Menschen, die diese Zeit erlebt haben, so gut berichten können, sondern vielmehr merkwürdige Details am Rande, kleine Ereignisse, die halt nicht gerade die Welt, aber dafür umso mehr sein Inneres bewegten. Hier, ganz naiv aufgezählt, ein paar dieser Fragmente aus seinen Erzählungen:

Möglicherweise gab es eine Art Galgenfrist für Ottakring. Während man sich in den »gebildeten« Kreisen Wiens teilweise bald für den Nationalsozialismus begeisterte, schien sich in der Ottakringer Vorstadt der gesunde Menschenverstand ein bißchen länger gehalten zu haben. So hatte es der Kurt auch seiner Großmutter – bei der er viel Zeit verbrachte, weil seine Eltern berufstätig waren – zu verdanken, daß er den »freiwilligen« Zusammenkünften der HJ des öfteren entfliehen konnte. Er hatte ihr sein Leid geklagt, dort auf keinen Fall hingehen zu wollen, doch hatte die Familie trotz aller »Freiwilligkeit« in einem sol-

chen Fall natürlich mit Repressalien zu rechnen. Die Großmutter hatte eine einfache, aber wirksame Idee, wie er der Sache entgehen konnte, ohne weitere Schwierigkeiten zu bekommen: »Du marschierst a bißl mit die Buam mit, dann bleibst stehn und tuast, als tätst da dei Schuachbandl bindn, und wann der letzte bei dir vorbei is, versteckst di gschwind im nächstn Haustor. Und waun s' ums nächste Eck biagn, gehst ham.«
Angeblich hat dieser Trick immer funktioniert. Doch diese Kinderspiele sollten bald ein Ende finden.
Da gibt's zum Beispiel die Geschichte, wie der Großvater gestorben ist. Er war nach seinem Nachmittagsschlaferl nicht und nicht aufzuwekken, und die Großmutter schickte den Kurti zum Doktor – wir sind uns nicht ganz sicher, aber nennen wir ihn Goldstein – in die Praxis. Der Warteraum war zum Bersten überfüllt, aber der kleine, rundliche Dr. Goldstein schnappte trotzdem, ohne zu zögern, seine alte, abgegriffene Tasche und lief schnaufend und mit Schweißperlen auf der Stirn neben Kurt her in die Arnethgasse, wo er nur noch feststellen konnte, daß der Großvater nie mehr von seinem Nachmittagsschlaf aufwachen würde. Ein paar Monate später gab es auch keinen Doktor Goldstein mehr ... Der Anblick seiner kleinen, rundlichen Finger, die die Arzttasche umklammert hielten, ging Kurt nie mehr aus dem Kopf. Durchschauen konnte man in seinem Alter diese schreckliche Zeit sicher nicht, aber er hat

schon da ganz bestimmt nicht verstanden, warum die »Dr. Goldsteins« verschwunden sind.
Als die ersten Bomben fielen, hat er im Luftschutzkeller seine erste Zigarette geraucht. Manchmal ist er auch mit ein paar anderen unbemerkt bei Fliegeralarm draußen geblieben und hat beobachtet, wie die Flugzeuge über den 16. Bezirk hinwegzogen und die Luken öffneten, in denen man die Bomben hängen sah. Weiter draußen, etwa in Neuwaldegg, hörte man dann die Detonationen. Seltsamerweise hat er, wie er erzählte, in solchen Momenten nie Angst gehabt. »Ich hab gewußt, mir kann nix passieren ...« Vielleicht war er mit dieser kindlichen Überzeugung tatsächlich in irgendeiner Weise geschützt. Es soll ja Schutzengel geben ...
Jedenfalls waren dies die Augenblicke, in denen der Krieg abstrakt wurde, oder zu jenen Bildern zerfiel, die im Gedächtnis, oder eben in seiner Art von Erinnerung, ganz klar und einfach überdauerten.
Bilder – das waren sehr, sehr wichtige Elemente seines Lebens. Er hat mit großer Begeisterung gemalt. Er hat Bilder gemalt, die Mutter hat genäht, und dann sind sie aufs Land gefahren und haben dafür Lebensmittel eingetauscht.
Er wollte eigentlich Maler werden.
Nachdem er einige Mal- und Zeichenkurse an der Volkshochschule besucht hatte und die Möglichkeit eines Studiums an der Kunstakademie nicht gegeben war, da er einen Beruf ergreifen

mußte, ging er bei einem Maler und Anstreicher in die Lehre. Dieser Berufszweig schien ihm noch am ehesten mit seinen künstlerischen Vorstellungen vereinbar zu sein, und er hoffte, dort zum Beispiel die Technik des Anfertigens von Zunftzeichen zu erlernen. Diese altmodischen Schilder über dem Eingang von Geschäften und Gaststätten hatten in ihrer »appetitlichen«, wirklichkeitsgetreuen Darstellung immer seine Aufmerksamkeit auf sich gezogen, und er konnte sich gut vorstellen, Semmeln, Kipferln, Schinkenstücke, Weintrauben und ähnliches für einen solchen Zweck zu malen.
Die Realität sah jedoch anders aus. Seine Arbeit als Maler- und Anstreicherlehrling bestand hauptsächlich darin, die alten verwitterten Schilder in drei bis vier Meter Höhe abzumontieren, zu reinigen und abzubeizen. Die künstlerische Arbeit des Malens wurde hingegen ausschließlich von einem akademischen Maler verrichtet, und die Lehrlinge durften lediglich das fertige »Kunstwerk« wieder an den Hausmauern montieren. Mit einem Wort, eine durch und durch nicht zufriedenstellende Tätigkeit für einen künstlerisch ambitionierten Menschen. Doch wie alles im Leben auch seine positiven Seiten hat, war der akademische Maler immerhin bereit, ihm in seinen freien Minuten zu erklären, wie man Lichter auf Weintrauben setzt, um sie möglichst plastisch erscheinen zu lassen. Das mag vielleicht nicht eben großartig klingen, aber Kurt

SCHAUSPIELSCHULE

So landete er an der Schauspielschule Otto. Sie befand sich in Opernnähe und warb zu jener Zeit in ganz Wien mit Plakaten um Studenten. Eines dieser Plakate muß Kurt wohl ins Auge gestochen sein, als er nach einer geeigneten Ausbildungsstätte Ausschau hielt. Auf die Idee, es am Reinhardt-Seminar zu versuchen, ist er gar nicht gekommen.
Er hatte zwei Vorsprechtexte vorbereitet: »Die Teilung der Welt« und einen Monolog aus Schillers *Die Jungfrau von Orleans* – »Wir hatten sechzehn Fähnlein aufgestellt ...«, ein Monolog, der alle, die jemals an einer Theaterschule gewesen sind, schmunzeln läßt.
Das Urteil des Vorsitzenden der Aufnahmeprüfung lautete: »Sie sind sehr begabt, aber Sie sprechen wie ein Schwein!« (Ottakring ließ grüßen!) Mit diesen Worten war er aufgenommen.
Mit ihm besuchten etwa zur selben Zeit die Schüler Walter Kohut und Bibiana Zeller die Schauspielschule Otto. Sie sollten gute Freunde und Weggefährten, mit Unterbrechungen, in seinen langen Theaterberufsjahren werden. Wirklich bleibende Freunde in diesem unsteten Beruf zu

gewinnen ist nicht gerade einfach. Man lebt nun einmal von Premiere zu Premiere und von Engagement zu Engagement. Das Schauspielerleben ist immer: Leben ganz extrem auf Zeit begrenzt. Die Kollegen begleiten einen nicht wie in anderen Berufen bis zur Pensionierung. Die Abschiede gehören zum Alltag, genau wie Stellproben und letzte Vorstellungen, man schwört, sich wiederzusehen, irgendwann, man tut es auch manchmal, oder man verliert sich eben aus den Augen, selbst wenn man nur das Theater in ein und derselben Stadt wechselt.
Ein junger Mann, der damals schon abgeschlossen hatte, kehrte immer wieder einmal zu Besuch an seine Ausbildungsstätte zurück. Er kam in Uniform, weil er hatte einrücken müssen. Blond, schmal und engelhaft schön, aber auch Besitzer einer Urwiener Goschn: Oskar Werner. Derselbe Oskar Werner, der in dem frühen Nachkriegsfilm *Der letzte Akt* als sterbender Nazihauptmann mit einer grauenhaften, gänsehauterzeugenden Erkenntnis sagte: »Seid wachsam! Sagt nie wieder Jawohl! Damit hat der ganze Mist angefangen! Seid wachsam!« Er hat seine Uniform sicher nicht gern getragen.
Ein Absolvent dieser kleinen Privatschule hat also später sogar den Sprung nach Hollywood geschafft. Übrigens auch er ein Kind der Vorstadt.

WALTER

Kohut und Sowinetz waren Freunde von Anfang an, und wer weiß, vielleicht schaun sie uns von irgendwoher über die Schulter und wundern sich, warum wir uns eigentlich so schwertun bei der Rekonstruktion von Begebenheiten aus ihren Jugendjahren. Auf jeden Fall gehört das, was sie gemeinsam erlebt haben, in dieses Buch. So zum Beispiel, daß sie nach ihren Erfahrungen bei der Schüleraufführung von Nestroys *Nur keck!*, ein eigenes Programm für einen Bunten Abend zusammengestellt haben und damit zu zweit irgendwo in Hietzing aufgetreten sind: die beiden charakterlich etwas schwierigen, grüblerischen, ziemlich hintergründigen und doch so unterschiedlichen jungen Männer hatten sich Girardi-Hüte angeschafft und präsentierten unter anderem die »tiefsinnige« Nummer: »Gigerl sein, das ist fein/ Gigerl kann net jeder sein ...« Gott weiß, warum sie gerade dieses Lied sangen, wahrscheinlich war's das Wiener Blut in ihren Adern und eine g'sunde Portion Selbstironie.

Das Zusammensein der beiden beschränkte sich bald nicht nur auf das Berufliche und auf lange Abende miteinander im Kaffeehaus oder im

Beisl, es führte sogar dahin, daß sie gemeinsam mit dem Sohn des Burgschauspielers Philipp Zeska, Frank, den sie irgendwann kennengelernt hatten, in eine Wohnung zogen. In dieser Wohnung in der Seilerstätte hatte Frank Zeskas Mutter, die Halbjüdin war, als U-Boot den ganzen Krieg über gelebt.
Die jungen Leute hatten dort in den großen weitläufigen Räumen manchmal die Gelegenheit, unter der Anleitung von Zeskas Vater private Aufführungen zu organisieren. Wahrscheinlich hat er mit ihnen Szenenabende oder Einakter einstudiert. Abgesehen davon müssen sich ganz schöne private »Szenen« abgespielt haben in dieser Junggesellenwohnung. Es herrschte, gelinde gesagt, das Chaos. Denn keiner war bereit aufzuräumen, und keiner war bereit bzw. finanziell in der Lage, die Klomuschel zu erneuern, die zum Großteil nur noch aus Scherben bestand.
Kurt hatte beschlossen, die Galerie in einem der hohen Räume zu beziehen, weil er »seine Ruh haben wollte«, und legte dort seine Matratze hin. Da dort oben nicht mehr genügend Platz war, um aufrecht zu stehen, hat ihm Kohut in späteren Pflanzereien immer unterstellt, er hätte diesen Ort absichtlich gewählt, um zu seinen Damenbesuchen sagen zu können: »Bitte sich hinzulegen ...«
Viel Gitarre gespielt hat man und sich gegenseitig die neuen amerikanischen Schlager beigebracht. Die jeweiligen Akkordgriffe zur Begleitung hat man sich, während man in schlechtem Englisch

die Texte der Lieder nachsang, einfach zugerufen: »e-Moll, A-Dur, C-Dur, G7 ...« Und so entstand die »Hymne« zwischen Kurt und Walter, die sie ein Leben lang, wenn sie sich wieder trafen und eine Gitarre in der Nähe war, gespielt haben: »On the sunny side of the street.«

Nächtelange Diskussionen haben stattgefunden, wie das unter jungen Künstlern halt so üblich ist. Und der alte Zeska hat sich ihre neuen Erkenntnisse angehört, so wie sich viele, viele Jahre später Kurt geduldig und ausdauernd Probleme und Ansichten, die das Theater betreffen, von seinen jungen Kollegen hat schildern lassen mit einem philosophischen Lächeln seiner Augen. Denn er hat gewußt, daß sich eigentlich nichts geändert hat, daß viele neue Überlegungen über Stücke, Rollen und deren Auffassung gar nicht so neu sind und doch von den jungen Leuten jedesmal für sich aufs neue entdeckt werden müssen. Er hat sie ernstgenommen, genau wie der alte Zeska seine Schützlinge damals, und er hat, so denken wir, viele junge Freunde gehabt. Wahrscheinlich auch deshalb, weil er in seinem Herzen nie alt und besserwisserisch geworden ist und trotz seiner Erfahrung immer nach neuen Wegen gesucht hat und dabei nie stehengeblieben ist.

Zurück zur Junggesellenwohnung. Da man also »Wichtigeres« zu tun hatte, als sie sauberzuhalten, verdreckte sie zusehends, und aus der Nachbarwohnung zogen Wanzen ein, was zu dieser Zeit, kurz nach dem Krieg, allerdings noch nicht so außergewöhnlich wie heute war, das muß man zur Verteidigung der Burschen schon dazusagen. Kohut kam auf die Idee, sein Bett in die Mitte des Zimmers zu schieben, um zu verhindern, daß die ungebetenen Gäste über die Wand hinunter unter seine Decke krochen. Es nützte nichts, die Tierchen waren klug genug, sich vom Plafond aus aufs Bett fallen zu lassen.

Irgendwann hat es Kurt dann als erstem gereicht, weil ihm relativ leicht gegraust hat, und er hat gefunden, daß man etwas gegen diese Zustände unternehmen muß. Man sagte der Wanzenplage den Kampf an, und es wurde, da Kurt ein absoluter Perfektionist war, ein Plan mit der genauen Einteilung aufgestellt, wer – abwechselnd – wann die Wohnung aufzuräumen hatte. Das funktionierte auch eine Zeitlang, doch als einmal wieder eine der häufigen Diskussionen ihren Lauf in die Nacht hinein nahm und Kohut ganz einfach eingeschlafen war, obwohl er an der Reihe gewesen wäre aufzuräumen, holte Kurt kurzerhand Besen und Schaufel, kehrte zusammen und leerte alles über dem schlafenden Kohut aus.

Diesen Scherz hätte er sich sparen können, denn Kohut, mit seinem ziemlich cholerischen Temperament, wachte auf, und die beiden begannen so zu raufen, daß die anderen Anwesenden beinahe die Polizei rufen mußten. Man war der Meinung, die zwei bringen sich sonst ganz einfach um.

So schlimm war's dann doch nicht, und als die beiden Hitzköpfe wieder miteinander sprachen,

einigte man sich, bestimmte Dinge, die einem am anderen nicht paßten, im Gespräch schlicht auszusparen. Man hatte sich weder in den Freiraum des anderen einzumischen, noch zu versuchen, ihn vom eigenen Standpunkt zu überzeugen. Jeder sollte so sein können, wie er war – in seiner ganzen Eigenheit, vielleicht auch Schrulligkeit. Nur so sah man eine Chance, miteinander in einer Wohnung leben zu können, ohne eine Freundschaft aufs Spiel zu setzen.
Diese Regel wurde zwischen den beiden, wann immer sie sich in ihrem Leben begegnet sind, bis zu Kohuts Tod eingehalten.
Diese neue Erkenntnis, den anderen so zu akzeptieren, wie er ist, hat auch gröbere Auseinandersetzungen mit Frank Zeska verhindert, der, im Gegensatz zu Kohut und Sowinetz, des öfteren genügend Geld in der Tasche hatte, um sich im Schleichhandel Zigaretten besorgen zu können. Man war so gierig darauf, »eine zu rauchen«, daß man, wenn man grad kein Geld hatte, eben die Tschiks aufsammelte und mit den Tabakresten neue Zigaretten drehte.
Zeska saß halt des öfteren mit einer ganzen Schachtel Camel da, und als er von einem seiner beiden Freunde gefragt wurde, ob er ihm eine leihen würde, bis er sich selbst wieder welche leisten könnte, öffnete dieser das Packerl, zählte nach und antwortete: »Es geht leider beim besten Willen nicht, ich hab nur mehr siebzehn, und heut rauch ich soundso viele und morgen soundso viele, und

sonst geht es sich bis dann und dann nicht aus!« Jedem seine Eigenheiten, hieß aber nun einmal die Devise, die eisern eingehalten wurde, und so hielten die beiden aufbrausenden jungen Männer ihr Temperament im Zaum, und Frank Zeskas kleine Pedanterie wurde hingenommen.
Trotz aller guten Voraussetzungen müssen sich, wie man weiß, alle Wohngemeinschaften früher oder später wieder auflösen. Kohut wurde an die Burgenländische Landesbühne engagiert, um in Schillers *Räubern* den Franz Moor zu spielen und einmal nach einer Vorstellung von einer erbosten Zuschauerin eine Watschen zu bekommen, weil er gar so gemein war in der Rolle! Der harte Berufsalltag hatte für ihn also begonnen.
Kurt zog zurück zu seinen Eltern nach Ottakring, malte Bilder und wartete auf ein Engagement.
Zeska blieb allein in der großen Wohnung seiner Mutter zurück und lebte wahrscheinlich endlich in Ruhe und Frieden.
Walter Kohut und Kurt blieben Freunde von diesen Jugendzeiten an. Sie waren einige Jahre gemeinsam am Volkstheater engagiert, wo sie u. a. zusammen in *Die Räuber, Das heiße Herz* und in *Was ihr wollt* spielten. Fürs Fernsehen standen sie in Anzengrubers *Das vierte Gebot* unter der Regie von Walter Davy gemeinsam mit Helmut Qualtinger vor der Kamera.
Kohut wechselte Anfang der sechziger Jahre noch vor Kurt an die »Josefstadt«, wo er jedoch nicht lange blieb, da er keine Lust mehr hatte, an

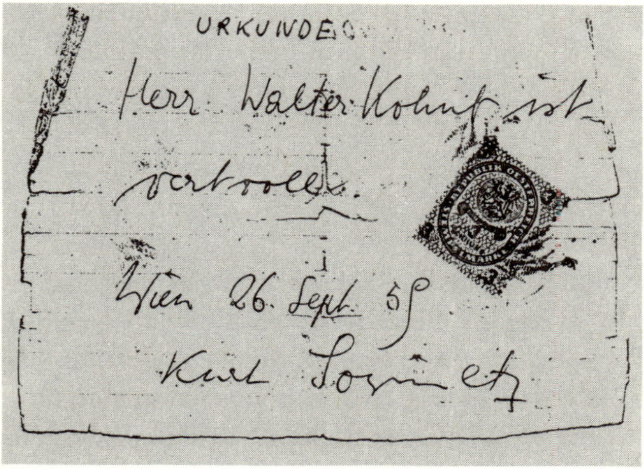

»Urkunde« für den Freund

einem Theater fix engagiert zu sein und lieber freiberuflich Film und Fernsehen machen wollte. Durch diese Entscheidung hielt er sich sehr viel in Deutschland auf, doch er kehrte immer wieder privat oder auch beruflich nach Wien zurück, wo er sich jedesmal gleich mit Kurt in Verbindung setzte. So verloren sie einander nie ganz aus den Augen. Als er Immy Schell heiratete, waren Kurt und ich ihre Trauzeugen. Mit Immy bin ich immer noch sehr befreundet. Sie und ihre Schwester Maria haben mir in der schweren Zeit, in der Kurt krank war, sehr, sehr geholfen.

Walter Kohut ist viel zu früh, durch einen ärztlichen Fehler, gestorben. Er war ein schwieriger, sehr leicht verletzbarer Mensch, dessen Freundschaft man sich erkämpfen mußte. Doch dann hielt sie ein Leben lang.

KRIEG

Nach einem Jahr Unterricht war es damals, in den vierziger Jahren bereits möglich, an diversen Theatern vorzusprechen. Zu jener Zeit war es offenbar noch nicht so wie heute nötig, eine Abschlußprüfung vor einer Kommission abzulegen, bevor man ins Engagement ging.

Es muß wohl so gewesen sein, daß der damalige Direktor des Theaters in Fürth bei Nürnberg nach Wien gekommen war, um für eine bestimmte Rolle, die in seiner nächsten Inszenierung zu besetzen war, einen jungen Darsteller zu suchen. Und so kam er auch in die Schauspielschule Otto, um sich einige Schüler anzusehen. Leider können wir uns beim besten Willen nicht mehr entsinnen, um welche Rolle und um welches Stück es sich handelte, Tatsache ist, daß ihm der junge Sowinetz aufgefallen ist und er ihn, zusammen mit einem zweiten Kollegen aus einer anderen Theaterschule, zu einem nochmaligen Vorsprechen nach Fürth eingeladen hat.

Die beiden angehenden Schauspieler trafen einander zufällig im Zug, der, vom Westbahnhof aus, in Richtung Nürnberg unterwegs war. Sie kamen ins Gespräch und merkten erst, nachdem sie sich

eine Weile unterhalten hatten, daß sie deshalb im gleichen Zug saßen, weil sie beide die gleiche Stadt, das gleiche Theater und nicht zuletzt vor allem die gleiche Rolle anpeilten. Einer von ihnen würde in zwei Tagen dieselbe Strecke wieder in Richtung Wien unterwegs sein, der andere würde in Fürth bleiben und endlich »richtig« Theater spielen dürfen.
Der aus Deutschland stammende junge Mann wies Kurt mit Überzeugung darauf hin: »Mensch, diese Rolle kriegste jarantiert nich, mit deinem österreichischem Akzent. Det kann jar nich gehn, so wie du daherquasselst, det is alles andere als Hochdeutsch!« Und Kurt dachte im stillen: Wern ma scho sehn, so wie du redst, is a net Hochdeutsch – und wurde engagiert.
Doch leider kam es nie dazu, daß er in dieser besagten Rolle, von der es wirklich interessant gewesen wäre zu wissen, um welche es sich handelte, zum ersten Mal in seinem Leben vor Publikum stand. Denn hier sollte die Weltgeschichte wieder ausschlaggebenden Einfluß auf private Schicksale nehmen, als genau zu diesem Zeitpunkt, im Jahre 1944, das Hitler-Attentat mißglückte und kurz darauf alle Theater im gesamten »Großdeutschen Reich« geschlossen wurden.
Und Kurt stand da, ohne Engagement, in Fürth bei Nürnberg. Für seine Begriffe weit, weit weg von Wien ... jener morbiden Stadt, die man erst zu schätzen weiß, wenn man sie nicht täglich um sich spürt.

Der Fürther Theaterdirektor bewies zum Glück Charakter und ließ Kurt, gegen Haus- und Küchendienste, bei sich, seiner Frau und deren Baby wohnen. Da er aber bald darauf als arbeitslos registriert wurde, teilte man ihn an Ort und Stelle zum Arbeitsdienst in einer Munitionsfabrik ein. Dort hatte er die durchaus nicht ungefährliche Aufgabe, Schießpulver zusammenzumischen und in Zündhütchen abzufüllen. Er hat sich lange gewundert, warum diese Fabriken ausschließlich mit Dächern aus Glas gedeckt waren, bis dann einer der Arbeiterinnen ein Fehler im Umgang mit dem hochexplosiven Material unterlief, bei der daraus resultierenden Explosion das Glasdach weggerissen wurde und einige Menschen diesem falschen Handgriff zum Opfer fielen. Kurt erfuhr später, daß diese Unfälle einkalkuliert waren. Das Glasdach war billig zu ersetzen. Über die anderen Schäden sprach man nicht.
Zur gleichen Zeit versuchte seine Mutter verzweifelt, an höchster Stelle zu erreichen, daß ihr Sohn zurück nach Wien kommen könne. Ihre Bemühungen blieben zunächst erfolglos.
Kurt, der, wie man sich vorstellen kann, in der Munitionsfabrik äußerst unglücklich war, kam unterdessen auf die »glorreiche« Idee, sich, während er den Zündstoff auf seine Funktionstüchtigkeit zu prüfen hatte, absichtlich eine Verletzung an der Hand zuzufügen. Er hoffte, auf diese Weise zu erreichen, daß er so zurück nach Wien überstellt würde. Die Idee wurde also tatsächlich in

die Tat umgesetzt, und er leistete dabei gute Arbeit: die Innenfläche seiner Hand sah beeindrukkend scheußlich aus und schmerzte auch dementsprechend.
Zuerst sah es so aus, als ob der Streich geglückt wäre, doch dann denunzierte ihn eine Arbeitskollegin. Die »selbstlose Gemeinheit« unter den Menschen, wie Schnitzler so schön sagt, kam wieder einmal zum Tragen: Kurt wurde zum Leiter der Fabrik bestellt und verhört. Der wollte ihm seine Version des »Unfalls« nicht abnehmen, obwohl Kurt all seine schauspielerischen Talente unter Beweis stellte. Es wurden weitere Schritte zur Untersuchung des Falls eingeleitet. Zu Kurts großem Glück hatten jedoch genau zu diesem Zeitpunkt die Bemühungen seiner Mutter endlich Erfolg, und er konnte buchstäblich in letzter Minute dieser brenzligen Situation entkommen und zurück nach Wien kehren.
Doch auch dort blieb er nicht verschont von den Auswirkungen des Krieges, der in seinem letzten Jahr die Klauen nach den ganz jungen Burschen ausstreckte. Er wurde in ein Wehrertüchtigungslager im Burgenland verschickt. Kurts Vorteil war, ein 28er Jahrgang zu sein, so blieb ihm wenigstens erspart, einrücken zu müssen. Die Ausbildung in diesem Lager war aber natürlich auch darauf ausgerichtet, weiter junge Soldaten heranzubilden, als »Nachschub« für die vielen Gefallenen, und hätte der Krieg ein Jahr länger gedauert, wäre der Jahrgang 1928 zum Einsatz gekommen.

Walter Kohut zum Beispiel war 1927 geboren, mußte in diesem letzten Kriegsjahr noch einrükken und geriet 1945 ein Jahr lang in Kriegsgefangenschaft.

Kurt hatte einen Ausbildner im Lager, der sich ihm gegenüber immer etwas merkwürdig verhielt und ständig seine Nähe suchte. Als Kurt mit seinen unerfahrenen sechzehn Jahren spät aber dann doch darauf kam, daß der Mann ein »bißchen anders gelagert« war, wies er dessen Annäherungsversuche entschieden und seinem Temperament entsprechend auch ziemlich frech zurück. Damit hatte er zwar Mut bewiesen, war aber natürlich von da an bei seinem »reizenden« Ausbildner schlecht angeschrieben. Er wurde von ihm extra geschliffen, bei den vorgeschriebenen Sportveranstaltungen ständig mit viel größeren, stärkeren Gegnern in den Boxring geschickt und von denen des öfteren kräftigst zusammengeschlagen.

Nach sechs Wochen war diese Ausbildung beendet, doch diese Zeit hatte bei weitem genügt, um Kurt in eine lebenslange, absolut manische Aversion gegen Militär, Autorität, ja sogar gegen jegliche Art von Organisation zu treiben. Das ging sogar so weit, daß er und Kohut, als nach dem Krieg das Bundesheer in Österreich eingeführt wurde, mit dem Gedanken spielten, auszuwandern, falls sie je noch eine Uniform anziehen und auf Pappkameraden schießen müßten.

Wir haben hier ein paar Erlebnisse eines jungen

Menschen im Zweiten Weltkrieg bewußt ein bißchen ausführlicher nacherzählt, und wenn sie sich vielleicht auch gar nicht so sehr von den Eindrücken und Begegnungen vieler anderer unterscheiden, so spielen sie doch im Leben jedes einzelnen eine besondere Rolle. Sie prägen, sie formen den Charakter, und in unserem Fall ist es gerade interessant, wie oder ob ein Mensch, der später auf der Bühne so viele Rollen verkörperte, daraus geschöpft hat. Ob er für die Rolle, die er auf der Bühne spielte, manchmal etwas herausholen konnte aus solchen Erlebnissen, die »eine Rolle« spielten. Ob etwas davon im Estragon, im Thersites, im Probstein, im Altenberg, im Jacobowsky enthalten ist?

Jedenfalls steht fest, daß gerade die Generation österreichischer Künstler, die die Zerstörung, den Hunger und den Tod, die Angst und die Schweinereien der Menschen untereinander erlebt hat, Wien nach dem Krieg mit einer unendlichen Vielfalt an Kreativität und Ideen, mit der Realisierung von lange Jahre aufgestauter Phantasie aus seinem mundtoten Dämmerschlaf erweckte und künstlerisch neu erblühen ließ. Als ob der Qualtinger und der Merz nur darauf gewartet hätten, endlich ihren *Herrn Karl* schreiben zu können, um damit einen großen Anteil der österreichischen Seele »aufzublatteln« ...

Natürlich muß man dazu sagen, daß den Künstlern nach dem Krieg, ins Nichts hinein, alle nur erdenklichen Möglichkeiten offenstanden, sie

hatten brachliegende Felder zu besäen. Aber das Saatgut dafür war eben in einem großen Ausmaß in ihren Köpfen vorhanden.
Kurt Sowinetz war der Meinung, daß es immer und immer wieder einige Leute geben wird, die, jedesmal wenn ein Krieg vorüber ist, und mag er noch so schlimm gewesen sein, aus den Trümmern und der Asche ein paar intakte Bretter herausfischen werden, um eine Bühne aufzubauen. Um Kabarett spielen zu können oder Theater; um »an Kasperl obaz'reißn«, daß die Leut was zu lachen haben. Um weiterzuleben. Justament.
Wer kennt nicht die Geschichte vom Qualtinger, wie er in der Besatzungszeit als russischer Offizier verkleidet durch die russische Zone spaziert ist, mit Orden aus Schuhpastadosen? Nur so, aus Hetz. Man war eben begierig, seine Talente auszuprobieren, auszuleben, auch zu provozieren.
Leider ist nicht mehr herauszufinden, wann die erste Begegnung zwischen Qualtinger und Kurt stattgefunden hat und wer sie zusammenführte. Es ist jedoch sicher, daß bei einer Aufführung der Schauspielschüler und Luftwaffenhelfer des Flakturms Arenbergpark die Herren Walter Kohut, der die Hauptrolle spielte, Helmut Qualtinger, der mitwirkte und auch Regie führte, und Kurt Sowinetz, der das Bühnenbild gestaltete, alle gemeinsam beteiligt waren.
Merkwürdig ist hier wieder einmal, daß Kurt gar nicht oben auf der Bühne stand. Seine besonderen Talente als Maler waren wohl der Grund

dafür, daß ihm nur die Gestaltung der Dekoration oblag, und er wird schon aus den ärmlichen Mitteln, die ihm zur Verfügung gestanden sind, etwas gezaubert haben: mit farbiger Kreide auf Packpapier. Beim Theater gilt ja als eine der wesentlichsten Begabungen, zaubern zu können ... sowohl vor als auch hinter den Kulissen.

Kohut war im 3. Bezirk, wo die Aufführung von *Nur keck!* stattfand, Luftwaffenhelfer und hatte offenbar widerrechtlich den Flakturm verlassen, um die Generalprobe spielen zu können. Prompt unterbrach natürlich ein Fliegeralarm schrill und durchdringend die Nestroy-Probe, und alle, inklusive Kurt, liefen mit Kohut zusammen zu dessen Stellung. Es muß schon ein etwas merkwürdiger Anblick gewesen sein, eine Schar junger Leute, größtenteils in Biedermeier-Kostümen, während eines Fliegeralarms durch die Gassen zum Flakturm laufen zu sehen, wo sie dann Kohut zusahen, wie er kostümiert für die Rolle des Herrn Stegreif die feindlichen Flugzeuge ortete: eine Szene aus dem Leben, wie sie Nestroy selbst nicht hätte besser erfinden können! Und heute weiß keiner mehr, wie viele Bomben bewohnte Häuser getroffen haben und wie viele Menschen an diesem Tag gestorben sind. Seltsam, manchmal liegen das Komische und das Tragische nahe beieinander ...

Bei der Premiere passierte dann noch ein weiteres Mißgeschick. Der Pianist des Abends, durch irgendeine kriegsbedingte Ursache aufgehalten,

war zu Vorstellungsbeginn nicht anwesend. Kohut, abermals schon im Biedermeierkostüm, rettete die Situation, indem er einfach so lange Schlager aus den vierziger Jahren spielte – etwas anderes konnte er nicht –, bis der Mann endlich auftauchte und mit der Ouvertüre beginnen konnte.
So, jetzt wollen wir endlich abschließen mit den Erinnerungen aus Kurts jungen Jahren, die bestimmt wurden durch einen sechs Jahre andauernden Krieg, der seine Kindheit und Jugend sehr beeinträchtigt hat. Manchmal hat er gemeint: »Man hat uns unsere Jugend geraubt«, und er hat wahrscheinlich recht. Viele, die von dieser Zeit an seine Freunde waren, sind heute nicht mehr am Leben. Fast die meisten. Das Überleben in dieser schweren Zeit kostete sicher Kräfte, die ihnen in späteren Jahren womöglich gefehlt haben.
So haben auch wir leider kaum einen dieser Freunde aus jenen Jahren gefunden, der uns aus erster Hand hätte erzählen können, wie es war. Da kann man dann halt nur zurückgreifen auf Erinnerungen an Kurts Geschichten, die sich in unseren Köpfen unauslöschbar festgesetzt haben.

ERSTE ENGAGEMENTS

Von seiner ersten Rolle in Wien hat Kurt nichts erwähnt. Er erzählte nur oft, wie stolz er war, sich von seiner allerersten Rundfunkgage für eine Märchensendung, zusammen mit Alfred Böhm und einem dritten Kollegen, ein Hendl, einen Laib Weißbrot und eine Flasche Wein leisten und das ganze zum Abendessen genüßlich verzehren zu können. Und wie schön es für ihn war, das Hendl zuzubereiten und zu braten. Niemals später hätte ihm ein Brathendl je wieder so gut geschmeckt. An das Märchen konnte er sich nicht mehr erinnern.

Und von seinem ersten Glas Rotwein hat er manchmal erzählt, das ihm seine Kollegen, darunter Hilde Wagener, zu seinem achtzehnten Geburtstag spendiert haben. Es muß dies eine seiner ersten Aufführungen gewesen sein, in der er als Ein-Satz-Darsteller und Inspizient mitwirkte, und das Theater war das Neue Schauspielhaus, das an jenem Abend, als sein Geburtstag gefeiert wurde, gerade auf Gastspiel in einem der Bundesländer war.

Es ist wirklich merkwürdig. Er erzählte meistens nur von solchen Details. Über seine ganz, ganz

frühen Bühnenauftritte und Rollen wußte er kaum etwas zu berichten. Der Lauf der Zeit verschluckt eben eine Reihe von erlebten Dingen und behält sie für sich. Die Vergangenheit besteht halt auch zu einem gar nicht so geringen Prozentsatz aus Vergessenem, Verblaßtem, Unausgesprochenem. Akzeptieren wir es also, und freuen wir uns über das, was in seiner Erinnerung übriggeblieben ist. Wie ein Glas Rotwein unter Kollegen zum achtzehnten Geburtstag, im Rahmen einer vergessenen Produktion ... Kramen wir weiter.
Es gab also für Kurt weiß Gott nicht »die Antrittsrolle« in seiner Laufbahn, die Furore machte, es waren kleinste Auftritte, und er mußte sich ganz langsam hocharbeiten, lange Zeit unbemerkt.
Bleiben wir noch beim Neuen Schauspielhaus, wo er für mehrere Produktionen beschäftigt gewesen sein muß. Eines der Stücke hatte den Titel *Das rote Tuch*, und wir wissen es darum so genau, weil wir ein Foto mit dem Titel herausgefunden haben. Dieses Foto ist deshalb so interessant, weil Kurt darauf mit einem gewissen Hans Moser abgebildet ist.
Hans Moser war jener Schauspieler – da sagt man sicher nichts Falsches –, den Kurt von seinen Kollegen am allermeisten verehrt und bewundert hat. Seine Gratwanderungen zwischen Komik und Tragik, sein hektisches, tiefmenschliches »Kasperl-Sein«, seine Interpretation von Wienerliedern, nicht zuletzt seine Fähigkeit, den Boden des Schwanks und des Unterhaltungsfilms mühe-

los zu verlassen und zum Beispiel bei Horváth einen Zauberkönig in den *Geschichten aus dem Wiener Wald* hinzulegen, den ihm keiner mehr nachspielen wird. Wann immer Kurt zufällig einen Moser-Film am Sonntagnachmittag im Fernsehen gesehen hat, war er ein bißl gerührt.

Das zweite und zugleich letzte Mal, wo Moser und Kurt zusammen auf der Bühne standen, war 1961 bei den Salzburger Festspielen in Raimunds *Bauer als Millionär*, wo Kurt den Neid spielte und Moser das Hohe Alter.

Eine kleine Geschichte, die die vielzitierte Knausrigkeit Hans Mosers betrifft, ist aus der Zeit im Neuen Schauspielhaus übriggeblieben. Moser hatte von Kurt drei Zigaretten geschnorrt, und der hat sie ihm in seiner Verehrung natürlich gegeben, obwohl das in der Nachkriegszeit (siehe die Geschichte mit Frank Zeska) unheimlich viel auf einmal war. Kurt hatte schon gehört, daß Moser sehr geizig war und damit gerechnet, seine drei Zigaretten nie wieder zurückzubekommen, doch ein paar Tage später, als er seine Garderobe betrat, wollte er seinen Augen nicht trauen: auf seinem Schminktisch lagen ein ganzes Packerl Zigaretten und ein Zettel mit ein paar Dankeszeilen, unterschrieben mit »Ihr Hans Moser«.

Wann immer in einer Runde die Rede auf Mosers beinahe sprichwörtlich gewordenen Geiz kam, schilderte Kurt diese hübsche Episode, diese genau gegenteilige Erfahrung mit dem kleinen großen Mann, der für alle Zeiten einer der wun-

derbarsten (österreichischen) Schauspieler bleiben wird.
In Kurts letztem Sommer lief eine Hans-Moser-Dokumentation im Fernsehen, und er hat sie sich interessiert angeschaut. Am Ende wurde Mosers Begräbnis gezeigt, und man hörte dazu seine Version von »Sag beim Abschied leise Servus«. Er sang es nicht kitschig oder sentimental, wie man es von so vielen anderen gewohnt ist, sondern so, daß dieses Liedl beinah zu einer Lebensweisheit geworden ist ... Und was Kurt dazu gedacht haben mag, in diesem Moment, hat er nie ausgesprochen, es stand jedoch für uns deutlich lesbar, in dicken Gedankenlettern, unsichtbar in den Raum geschrieben.
Zurück zu den Kellerbühnen: Kurt wirkte also direkt nach 1945 in zahlreichen Privattheater-Produktionen mit, er spielte neben vielen anderen auch *Das tapfere Schneiderlein*(!) und den Fritz in Hermann Bahrs *Wienerinnen*. Zwischendurch war er als Externist am Volkstheater und am Theater in der Josefstadt engagiert, doch das hatte zunächst keine Folgen. Es war üblich, daß man nicht selten plötzlich nicht mehr beschäftigt wurde, obwohl man an diesen Häusern schon, mit Erfolg, richtige Rollen gespielt hatte. So mußte auch Kurt wieder zurück in den Keller, um sich sein Geld zu verdienen.
1946 wurde Kurt dann doch fix an die Josefstadt engagiert. Daß der Vertrag nicht verlängert wurde, hat er diesmal selbst verschuldet. Eine

Liebe von ihm wurde nach Klagenfurt engagiert, und er wollte unbedingt mit. Er versuchte, von der Josefstadt beurlaubt zu werden, was natürlich nicht durchging. Daraufhin löste er in Streit und Krach den Vertrag, weil er jegliche Art von Einengung nun einmal haßte.

Er hatte eine fixe Stellung aufs Spiel gesetzt wegen einer Liebe, die kurz darauf in Brüche ging.

GODOT

Kurt blieb eine Zeitlang ohne Engagement, widmete sich wieder einmal intensiv der Malerei, von der er allerdings nicht leben konnte, und wurde dann für eine Inszenierung von Joseph Kesselrings *Arsenik und alte Spitzen* wieder in den Keller geholt. Die Premiere fand am 13. Juni 1953 statt, seine Partner waren Rose Renée Roth, Elisabeth Neumann-Viertel, Manfred Inger und Kurt Jaggberg.

Bald darauf wurde Kurt für die Rolle des Estragon in der österreichischen Erstaufführung von Samuel Becketts *Warten auf Godot* ans damalige Theater am Parkring verpflichtet. Otto Schenk spielte den Wladimir, Günther Haenel den Lucky, und Erich Neuberg führte Regie. Dies waren wegweisende, beinahe schicksalhafte Begegnungen, doch davon später.

Warten auf Godot hat Kurt ein Leben lang »verfolgt«. Damals galt es an den etablierten Bühnen als unspielbar. Es hatte den Ruf, nur verrückt und absurd zu sein und nichts zu vermitteln als aufgebauschten Blödsinn. Mit einem Wort: »Sinnlosigkeit in Reinkultur« hatte in den heiligen Kulturtempeln des Landes nichts zu suchen!

Heute zählt *Warten auf Godot* zu den unangefochtenen Klassikern des modernen Theaters, und die, die sich damals empörten, preisen es jetzt nicht selten als bedeutendes Werk und haben sich bereits wieder ganz andere Angriffspunkte gesucht. Wie sich doch die Zeiten ändern! Oder doch nicht?

Die Premiere von *Godot* am 8. April 1954 war ein Sensationserfolg, und es gab Leute, die in jede Vorstellung gingen, weil sie immer wieder neue Ebenen des Stückes entdecken wollten.

Für Kurt war es eigentlich der erste wirkliche Erfolg. Das Stück hat ihn so beschäftigt wie kaum ein anderes, und er hat von Anfang an geahnt, was darin alles an Gedanken enthalten war und daß es sich lohnte, trotz der zahlreichen Gegenstimmen das Risiko einzugehen und sich voll in diese Arbeit hineinzustürzen.

Er, der seit seiner Jugend den Christuskopf mit der Dornenkrone gezeichnet hat, Hunderte Male auf die kleinsten Papierfitzel, auf Zigarettenschachteln im Kaffeehaus, während einer Unterhaltung, hat den Aspekt des Stückes so gemocht, daß zwei Landstreicher vergeblich auf den »Erlöser« Godot warten, der alle Probleme beseitigen soll, ohne daß sie selbst etwas dazu tun müssen. Ohne daß sie sich bewegen müssen:

Estragon (zu Wladimir):	Komm, wir gehen!
Wladimir:	Wir können nicht.
Estragon:	Warum nicht?

Wladimir:	Wir warten auf Godot.
Estragon:	Ach ja.

Estragon und Wladimir sind zwei Streuner, Heimatlose und vor allem auch traurige Clowns. Zum Clown hatte Kurt eine starke Beziehung. Ähnlich wie zu Christus. Es existieren viele Bilder und Skizzen von Clowns, wahrscheinlich auch inspiriert durch die Rolle des Onkel Gustav im *Feuerwerk*, der als einziges Mitglied einer (spieß-) bürgerlichen Familie den Mut hat, zum Zirkus zu gehen. Doch auch davon später! Und sogar Shakespeares Narren, die er so liebte, werden im Englischen als »clowns« bezeichnet. Weise gewordene Spaßmacher ... Das Konglomerat seiner Phantasien zu diesem Thema existiert als Ölbild: ein trauriger Clown mit einer Dornenkrone in einer Manege (siehe Seite 143).
Jetzt, wo wir diese Zeilen schreiben, hängt rechts von uns ein gemeinsam gemaltes Bild von dir und ihm, das Estragon und Wladimir auf einer Erhöhung inmitten einer weiten Ebene zeigt, unter einem Baum stehend. Der Baum, mit seinen links und rechts abstehenden Ästen, hat im weitesten Sinne die Form eines Christus am Kreuz. Und über ihnen erstreckt sich eine große Fläche graublauer Himmel, der sich am Horizont in einer weißen Linie mit der Landschaft verbindet. An den unteren Rändern der schweren Regenwolken wird das weiße Licht reflektiert ...

Estragon: Was hast du?
Wladimir: Ich habe nichts.
Estragon: Ich gehe.
Wladimir: Ich auch.
(Schweigen)
Estragon: Wohin gehen wir?
Wladimir: Nicht weit.
Estragon: Doch, doch, laß uns weit weggehen von hier!
Wladimir: Wir können nicht.
Estragon: Warum nicht?
Wladimir: Wir müssen morgen wiederkommen.
Estragon: Um was zu tun?
Wladimir: Um auf Godot zu warten.
Estragon: Ach ja. (Pause.) Ist er nicht gekommen?
Wladimir: Nein.
Estragon: Und jetzt ist es zu spät.
Wladimir: Ja, es ist Nacht.
Estragon: Und wenn wir ihn fallenließen? (Pause.) Wenn wir ihn fallenließen?
Wladimir: Würde er uns bestrafen. (Schweigen. Er betrachtet den Baum.) Nur der Baum lebt.
Estragon: (Schaut den Baum an.) Was ist denn das?
Wladimir: Das ist ein Baum.
Estragon: Nein, welche Art?
Wladimir: Ich weiß nicht. Eine Trauerweide.
Estragon: Wir wollen mal sehen. (Er zieht

Wladimir nach sich zum Baum, vor dem sie stehenbleiben. Stille.) Und wenn wir uns aufhängen würden?

Wladimir: Womit?
Estragon: Hast du kein Stück Kordel?
Wladimir: Nein.
Estragon: Dann können wir es nicht.
Wladimir: Komm, wir gehen.
Estragon: Wart mal, hier ist mein Gürtel.
Wladimir: Der ist zu kurz.
Estragon: Du ziehst dann an meinen Beinen.
Wladimir: Und wer zieht an meinen?
Estragon: Ach ja.

»Godot«-Impression, 1954

Wladimir: Laß mal sehen. (Estragon löst den Knoten der Kordel, die seine Hose hält. Die viel zu weite Hose rutscht bis auf die Fußknöchel. Sie schauen sich die Kordel an.) Zur Not könnte es gehen. Ist sie denn stark genug?

Estragon: Das werden wir sehen. Nimm. (Sie nehmen jeder ein Ende der Kordel und ziehen. Die Kordel reißt. Sie fallen beinahe hin.)

Wladimir: Sie taugt gar nichts.

(Schweigen)

Estragon: Du sagtest, daß wir morgen wiederkommen müssen.

Wladimir: Ja.

Estragon: Dann bringen wir einen guten Strick mit.

Wladimir: Ja. (Schweigen)

Estragon: Didi.

Wladimir: Ja.

Estragon: Ich kann nicht mehr so weitermachen.

Wladimir: Das sagt man so.

Estragon: Sollen wir auseinandergehen? Es wäre vielleicht besser.

Wladimir: Morgen hängen wir uns auf. (Pause.) Es sei denn, daß Godot käme.

Estragon: Und wenn er kommt?

Wladimir: Sind wir gerettet. (Wladimir nimmt seinen Hut – den von Lucky – ab,

	schaut hinein, schüttelt ihn aus und setzt ihn wieder auf.)
Estragon:	Also, wir gehen?
Wladimir:	Zieh deine Hose rauf.
Estragon:	Meine Hose ausziehen?
Wladimir:	Zieh deine Hose *herauf*.
Estragon:	Ach ja. (Er zieht seine Hose herauf. Schweigen.)
Wladimir:	Also? Wir gehen?
Estragon:	Gehen wir!

(Sie gehen nicht von der Stelle.)

VORHANG

Ende des Stücks.
Wie gesagt, *Warten auf Godot* hat Kurt ein Leben lang begleitet. 1963 entstand, produziert vom Schweizer Fernsehen, eine Verfilmung unter der Regie von Rolf Hädrich, mit Heinz Reincke als Wladimir, Kurt wieder als Estragon, Wolfgang Reichmann als Pozzo und Friedrich Maurer als Lucky. Es wurde ausschließlich in der freien Natur, auf der jugoslawischen Insel Krk, gedreht, unter einem nachträglich in die einsame, ausgedörrte Karstlandschaft gestellten vertrockneten Baum. Diese Verfilmung wurde mit einem Preis ausgezeichnet.
Ein drittes Mal spielte Kurt dann den Estragon 1970 bei den Salzburger Festspielen unter der Regie von Otomar Krejča. Seine Partner waren diesmal Siegfried Lowitz als Wladimir, Bernhard Wicki als Lucky und Ullrich Haupt als Pozzo.

Solange Menschen sich Fragen über »ihren« Gott stellen, solange sie warten auf eine Lösung ihrer Probleme von einer unbekannten Größe außerhalb ihrer Kompetenz und sich bequem ihren traurigen Unzulänglichkeiten hingeben, ohne zu ahnen, daß jeder von ihnen selbst ein Stück von Godot und somit seine Antworten in sich trägt, werden Wladimir und Estragon auf den Bühnen der Welt unter ihrem Baum stehen und warten ... wird dieses Stück nichts von seiner Aktualität und seinem Charme verlieren, die Zuschauer immer wieder faszinieren und zu neuen Interpretationen reizen.

GÜNTHER

Auf *Godot* am Parkring folgten zahlreiche Auftritte an diversen Wiener Kellerbühnen, doch wirklich »weitergegangen« ist für Kurt, trotz seines Erfolges als Estragon, nichts. Zwei Monate nichts zu tun zu haben, stellte für einen Schauspieler auch damals schon ein großes finanzielles Problem dar, und eine Rolle an dieser und eine an jener kleinen Kellerbühne, mag sie auch noch so interessant gewesen sein, konnte die Sicherheit eines fixen Engagements nicht aufwiegen.
Deshalb entschloß sich Kurt schweren Herzens, ein solches Angebot vom Stadttheater Basel anzunehmen. Es machte ihn sehr traurig, Wien verlassen zu müssen, denn er gehörte zu jenen Schauspielern, die es nicht unbedingt in die weite Welt hinauszog. Nur aus Vernunftgründen unterschrieb er den Vertrag für die Schweiz.
Zu diesem Zeitpunkt tauchte Günther Haenel wieder in seinem Leben auf, mit dem er zusammen im Parkringtheater *Godot* gespielt hatte. Und jetzt ist es an der Zeit zu erzählen, warum das damals eine wegweisende Begegnung war.
Haenel war zur Zeit Regisseur am Volkstheater. Auch seine Frau Maria »Bedy« Gabler war an die-

sem Haus engagiert. Die beiden waren eines Abends nach der Vorstellung zu Fuß auf dem Heimweg vom Volkstheater zu ihrer Wohnung in der Seilerstätte unterwegs, die sich übrigens zufällig – so scheint's – im selben Haus befand, in dem Kohut, Kurt und Frank Zeska in früheren Jahren ihr Unwesen trieben. Als die beiden Haenels die Singerstraße erreichten, wurden sie plötzlich auf einen jungen Mann aufmerksam, der sich auf eine äußerst absonderliche Weise fortbewegte: er »humpelte«, mit einem Fuß auf dem Trottoir, mit dem anderen im Rinnstein, gedankenverloren dahin. Haenel wurde neugierig und drängte seine Frau, schneller zu gehen, so daß sie den Mann überholen und von vorne sehen könnten.

Es war Kurt, und sie fragten, was denn los sei mit ihm. Kurt klagte ihnen sein Leid vom unterschriebenen Vertrag fürs Ausland, da seine Möglichkeiten, in Wien beruflich Fuß zu fassen, nicht von Erfolg gekrönt seien, er sich außerdem in finanziellen Nöten befinde und doch so ungern weggehe von Wien.

Haenel war verwundert, daß sich nach Kurts Erfolg als Estragon keine besonderen Angebote ergeben hatten, aber er fand, daß es trotzdem für ihn gar nicht günstig wäre, gerade jetzt ins Ausland zu gehen und versprach, etwas für ihn zu unternehmen. Denn Kurt gehöre ganz einfach nach Wien, und ein größeres Haus könne ihn doch durchaus fix unter Vertrag nehmen.

Ein paar Tage später erhielt Kurt tatsächlich eine Nachricht aus dem Volkstheater, er solle zu einem Gespräch mit Direktor Leon Epp erscheinen. Das Ergebnis war, daß Kurt am Volkstheater engagiert werden sollte. Günther Haenel hatte also mehr für ihn getan, als er zu hoffen wagte.
Das Problem war aber, daß er den Vertrag mit Basel bereits unterzeichnet hatte. Es blieb ihm also nur die Hoffnung auf Verständnis der Basler Direktion, und er schrieb einen Brief, in dem er seine Situation erklärte: er habe ein Angebot für ein Engagement am Volkstheater erhalten und würde so gerne in Wien bleiben.
Der Direktor antwortete, er habe Verständnis für Kurts Anliegen und ließ ihn aus dem Vertrag. Ein gar nicht so alltägliches Verhalten für einen Intendanten!
So wurde Kurt Ensemblemitglied des Volkstheaters, dank Günther Haenel. Denn wäre dieser nicht auf den gedankenverlorenen, durch die nächtliche Singerstraße hüpfenden Kurt aufmerksam geworden, hätte es ihn in die Schweiz verschlagen, und sein Leben wäre wahrscheinlich ganz anders verlaufen. Zu verdanken hatte er diese schicksalbestimmende Lebenswende einem Mann, der genau hinsah, an den Eigenheiten von Menschen interessiert war. Was solche Kleinigkeiten doch auslösen können! Zufall? Wahrscheinlich gibt's ihn seltener, als man denkt.
Bleiben wir noch etwas bei dem bemerkenswerten, eigenwilligen Günther Haenel. Als Kurt un-

gefähr ein Jahr am Volkstheater engagiert war und einige größere und kleinere Rollen gespielt hatte, plante Haenel, den *Regenmacher* von N. Richard Nash zu inszenieren. Dabei kam er auf die Idee, Kurt in der Titelrolle zu besetzen.
In der Direktion war man ziemlich befremdet über Haenels Wunschbesetzung, ja man dachte sogar: Jetzt ist er übergeschnappt!, denn zu dieser Zeit war gerade der amerikanische Film mit Burt Lancaster in der Hauptrolle in den Kinos angelaufen. Haenel wollte Kurt also für dieselbe Rolle, die Lancaster im Film spielte, und die beiden hatten beim besten Willen nichts gemeinsam.
Aber Günther Haenel geht nicht von Äußerlichkeiten aus. Schon damals war er ein Mensch, der lange nachdenkt, bis er sich zu etwas entschließt. Doch wenn er seinen Entschluß gefaßt hat und für richtig hält, läßt er sich nicht mehr davon abbringen. Er war also entschlossen, Kurt den Regenmacher spielen zu lassen. Als er den Widerstand der Direktion spürte, wollte er die Inszenierung lieber platzen lassen, als einen Kompromiß einzugehen.
Ich finde, daß es hier genau richtig und in Kurts Sinn ist, über Günther Haenel, der sein verehrter Freund fürs Leben geblieben ist, ein paar Worte zu sagen.
Günther Haenel wurde in Sachsen geboren und hat sogar noch Kaiser Wilhelm erlebt. Nie hat er jemand anderen über sich entscheiden lassen. Er erhielt zum Beispiel im Ersten Weltkrieg das Ei-

serne Kreuz 1. Klasse, weil er an der Front bei einem feindlichen Angriff den Befehl »Alles zurück in die Schützengräben!« nicht befolgte. Denn er dachte sich: Warum soll ich immer das machen, was diese Trottel mir anschaffen, und blieb dort, wo er war. Fast alle, die in die Schützengräben geflüchtet waren, kamen um, nur Günther Haenel, der stur seinen Platz nicht verlassen hatte, blieb wie durch ein Wunder als einer von wenigen unversehrt. Für diese »Tapferkeit« erhielt er die hohe Auszeichnung, die ihm später noch gute Dienste leistete, als er sich in der Nazizeit das Eiserne Kreuz immer dann ansteckte, wenn er bei einem Bonzen Eindruck schinden wollte, um Kollegen, die sich nicht linientreu verhalten hatten, aus einer gefährlichen Situation zu verhelfen. Da er sich die extremen Eingriffe des Naziregimes in den deutschen Theateralltag nicht gefallen lassen wollte, zog er kleinere Städte und deren Bühnen den Zentren vor. Er floh vor seinen Erfolgen, weil er auf keine »braunen Kaffeekränzchen« eingeladen werden wollte. Nach dem Krieg kam er ans Wiener Volkstheater.

Wenn man dies alles weiß, ist es vielleicht ein wenig besser zu verstehen, warum er sich nicht davon abbringen ließ, Kurt als Regenmacher zu besetzen. Und mit seiner Beharrlichkeit erreichte er sein Ziel. Die Direktion gab ihren Sanktus.

Aber nun gab es natürlich auch Stimmen von außerhalb des Theaters. So soll zum Beispiel die Frau eines Wiener Kritikers gesagt haben, als ihr

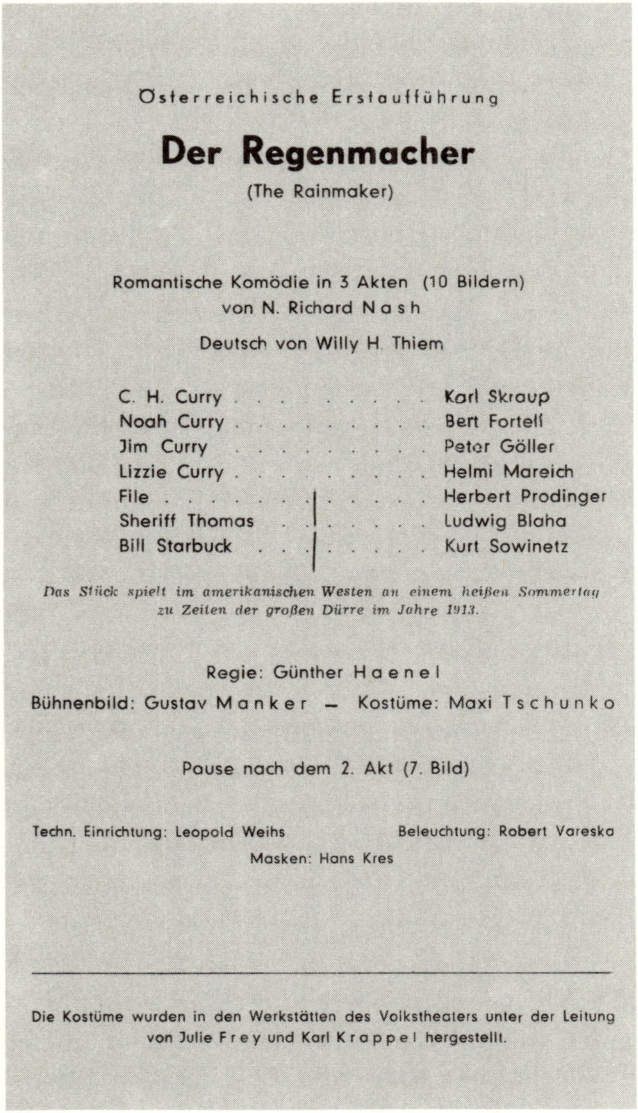

Österreichische Erstaufführung

Der Regenmacher

(The Rainmaker)

Romantische Komödie in 3 Akten (10 Bildern)
von N. Richard Nash

Deutsch von Willy H. Thiem

C. H. Curry	Karl Skraup
Noah Curry	Bert Fortell
Jim Curry	Peter Göller
Lizzie Curry	Helmi Mareich
File	Herbert Prodinger
Sheriff Thomas	Ludwig Blaha
Bill Starbuck	Kurt Sowinetz

Das Stück spielt im amerikanischen Westen an einem heißen Sommertag zu Zeiten der großen Dürre im Jahre 1913.

Regie: Günther Haenel

Bühnenbild: Gustav Manker – Kostüme: Maxi Tschunko

Pause nach dem 2. Akt (7. Bild)

Techn. Einrichtung: Leopold Weihs — Beleuchtung: Robert Vareska

Masken: Hans Kres

Die Kostüme wurden in den Werkstätten des Volkstheaters unter der Leitung von Julie Frey und Karl Krappel hergestellt.

Besetzungszettel »Der Regenmacher« von N. Richard Nash, Volkstheater, Wien 1955

die Besetzung zu Ohren kam: »Der Sowinetz kann doch nur Bucklige spielen!« Man hatte also zu befürchten, daß mindestens eine Kritik vernichtend sein würde.
Dem war jedoch nicht so. Der *Regenmacher*, der seine Wiener Premiere am 16. Dezember 1955 hatte, wurde ein großer Erfolg, sowohl beim Publikum als auch bei der Presse. Speziell für Kurt. Von den zahlreichen guten Kritiken wollen wir nur die von Hans Weigel hier abdrucken. Erstens, weil sie zu den frühesten in Kurts Laufbahn gehört, die der große, gefürchtete Theaterkritiker über ihn geschrieben hat; zweitens, weil sie das Stück *Der Regenmacher* treffend beschreibt, und drittens, weil sie vor allem auch ein sehr wahres Wort über Günther Haenel ausspricht:

»HUND« ist kein NAME FÜR EINEN HUND

Die Amerikaner sind so jung, zwischen Pionieren und Psychoanalyse liegen nur wenige Generationen, sie haben hinter sich nur Jahreszahlen und keine Vorzeit. In Skandinavien geistern die Trolle, in Deutschland die Elfen, auf den britischen Inseln ganze Hierarchien von Dämonen, was aber geistert in Amerika? Sie haben Bäume gefällt und Wege gebahnt, das Geheimnis wurde mit ausgerodet. Nun müssen die Dichter kommen, und es in die Nächte hineinträumen, und N. Richard Nash scheint ein solcher zu sein.
Er bringt es aber fertig, mit all seiner Poesie doch

ein legitimes Theaterstück zu schreiben, ohne tiefere und ohne äußerliche Nebenabsicht, er tut nicht literarisch, er ist es nur – und wenn wir ihn um solcher Vorzüge willen preisen, erkennen wir, daß uns ebendies abhanden zu kommen droht: das spielbare, brauchbare, echte und rechte Theaterstück. Hier ist eines und hat darum weltweit Erfolg.

Nash (geboren 1915) erzählt uns die Geschichte von einem liebenswerten Schwindler und Landstreicher und einer rührend alltäglichen Familie. Einer heißt Noah, aber es handelt sich um keine Sintflut, und der geheimnisvolle Gast ist auch kein getarnter lieber Gott. Die Geschichte bleibt ganz wirklich, das ist das Hübsche, sie hat auch trotz Sheriff keinerlei kriminalistischen Aspekt. Einsamkeit der einzelnen in der Welt werden durch Begegnungen überwunden, Menschengesichter und Menschenseelen werden erlöst, die große Dürre wird vom belebenden Regen besiegt, ein Mann findet eine Frau und braucht nun doch keinen Hund als Gesellschaft zu sich zu nehmen. Er hatte schon einmal einen, den hat er nur »Hund« gerufen, aber »das ist kein passender Name für einen Hund«, und die Frau hat den ganz prosaischen Namen Lizzie, aber »der reicht für ein ganzes Leben«.

Die poetisch verklärte kleine Welt wird in Günther Haenels Inszenierung auf sehr zauberhafte Weise lebendig gemacht, Heiterkeit, Romantik, Geheimnis sind beglückend auf eine gemein-

same Ebene gebracht, die eben darum so wirklich ist, weil sie sich einen Halbstock über der Realität befindet. Karl Skraup ist ein herrlich gütiger, naiv beschränkter Vater, Peter Göller, obwohl erst kürzlich dem Seminar entwachsen, schon erstaunlich fertig und instinktbegabt, einer der besten und echtesten des Nachwuchses! Kurt Sowinetz aber ist viel mehr; hier sehen wir vom Rande des unerschöpflichen Reservoirs eine kostbare, in ihrer Reichweite noch kaum abschätzbare Persönlichkeit endlich ins Zentrum gerückt; wer den Weg verfolgte, ahnte es längst, nun aber scheint der Augenblick gekommen, es auszusprechen: Kurt Sowinetz ist ein großer Schauspieler!
Daß dies so evident wurde, dankt er (und danken wir) Günther Haenel, der als einer der wenigen Wiener Theatermänner vorbildlich und planvoll um die gesunde Entwicklung von Talenten bemüht ist ...

Kurt hatte also bewiesen, daß er auch in »nicht buckligen« Rollen überzeugend sein konnte. Das war nur möglich, weil ein Mann zu ihm und seinem Talent gestanden hat. Der bereit gewesen ist, das Risiko einzugehen, etwas Ungewöhnliches durchzusetzen, denn er hatte in Kurts Wesen eine Fähigkeit erkannt, die andere bisher übersehen hatten. Ein Mann eben, der schauen konnte, in aller Stille.
Leider sind das Eigenschaften, die damals – und heute noch viel weniger – bei Regisseuren selten

anzutreffen sind. Wer läßt sich schon gerne sein geniales Regiekonzept durch einen Unsicherheitsfaktor in einer Hauptrolle gefährden?
Über Günther Haenel weiß man heute kaum noch etwas. Er war zwei Jahre Direktor des Volkstheaters, vor allem aber war er ein wunderbarer Regisseur und Schauspieler. Und ein bemerkenswerter Mensch, der sein Leben lang den mühsamen, geraden Weg dem sich windenden, nach allen Seiten buckelnden vorgezogen hat. Er tat nie das, was gerade opportun war, sondern nur das, was seinen künstlerischen und vor allem seinen moralischen Ansprüchen entsprach. Jemand, der sich so wenig anpaßt wie er, jemand, der sich selbst so treu bleibt, wird halt wahrscheinlich nie so berühmt und beliebt werden wie jene, die für die Butterseite des Lebens gern ein Eckerl von ihrer Anständigkeit und ihrem Gewissen in den Mistkübel schmeißen.
Günther Haenel hat sich vor zwanzig Jahren aus seinem Beruf zurückgezogen. Wer kann es ihm verübeln ...
Mit Bedy verbinden mich, obwohl wir uns nicht allzuoft sehen, tägliche Telefongespräche. Bedy und Günther sind mir zum Glück bis zum heutigen Tag als Freunde erhalten geblieben.

VOLKSTHEATER

Zehn Jahre Volkstheater: das hieß viele, viele Premieren – eine Rolle nach der anderen, unzählige Aufführungen in den Außenbezirken – das sind Inszenierungen, mit denen man in ganz Wien in diversen Sälen und Kolpinghäusern gastiert. Dann gab's noch das Sonderabonnement, wo Stücke zeitgenössischer Autoren – gute und weniger gute und solche, die man schon längst wieder vergessen hat – gezeigt wurden. Sonderabonnement deshalb, weil diese Stücke nur für fünf bis sechs Vorstellungen und nur für ein literarisch besonders interessiertes Publikum geplant waren. Falls sie darüber hinaus erfolgreich waren, wurden sie ins normale Abonnement aufgenommen. Man plagte sich, die moderne Literatur dem österreichischen Publikum näherzubringen. Das war nicht immer eine dankbare Aufgabe. Ein Autor, der heute unumstritten geschätzt wird, veranlaßte die von ihrem Publikum und ihrer nicht gewürdigten Leistung frustrierten Schauspieler, sich folgenden Reim (frei nach Karl Valentin) auf ihn zu machen: »Der Jean Genet, der Jean Genet/ der tut mir schon im Hintern weh! Fideralla, fiderallala, fideralla-la-la-la ...«

Versuch einer
Signet-Karikatur

Kurt spielte sich in diesen Jahren am Volkstheater quer durch die Weltliteratur. Darunter waren, um nur einige Stücke zu nennen, Eugene O'Neill mit *Jenseits vom Horizont*, Henrik Ibsen *Die Stützen der Gesellschaft*, Friedrich Schiller *Die Räuber*, Anton Wildgans *Dies irae*, Mogens Linck *Hotel Madeleine*, Thornton Wilder *Unsere kleine Stadt*, Bertolt Brecht *Der kaukasische Kreidekreis*, August Strindberg *Ein Traumspiel*, Johann Nestroy *Mann, Frau, Kind*, Molière *Der Misanthrop*, Ferdinand Raimund *Der Diamant des Geisterkönigs*, Georg Büchner *Dantons Tod*, Gustav Davis *Das Protektionskind*, Nikolaj Gogol *Der Revisor*, Martin Walser *Eiche und Angora*, Max Frisch *Biedermann und die Brandstifter*, Gerhart Hauptmann

Schluck und Jau, Erik Charell / Jürg Amstein und Paul Burkhard *Feuerwerk* und William Shakespeare mit *Troilus und Cressida, Macbeth, Viel Lärm um nichts* und *Was ihr wollt.* Die Regisseure, mit denen er hier am häufigsten zusammenarbeitete, waren Gustav Manker, Leon Epp und – ihm der liebste – Günther Haenel.

In diesen Jahren, in denen man, wenn man nach einer Premiere das Theater verließ, beim Portier das Rollenbuch für das nächste Stück vorfand und oft schon am nächsten Tag wieder zu einer Leseprobe bestellt war, verbrachten die Schauspieler des Volkstheaters ihre spärliche Freizeit zwischen Probe und Vorstellung im Café Raimund gegenüber. Und hier »wohnte« und arbeitete Hans Weigel. Seine Wohnung in der Burggasse benützte er eigentlich nur, um dort zu übernachten.

Der Stammtisch des berühmten Wiener Autors, Kritikers und Übersetzers war in Künstlerkreisen stadtbekannt. Man mußte sich, um mit ihm sprechen zu können, anmelden, wie wenn man jemanden in seiner Wohnung besuchen würde. Er war ein großer Förderer der österreichischen Literaten der Nachkriegszeit. Vielen begabten jungen Autoren hat er zu den ersten Veröffentlichungen verholfen, er sprach ihnen Mut zu, und die meisten schafften so ihren Durchbruch. Auch Maler wie Kurt Absolon und Regisseure wie Erich Neuberg waren an seinem Stammtisch anzutreffen. Aber seine liebsten »Kinder« waren die Dich-

Jugendfoto

Mit Hans Moser in dem
hwank »Das rote Tuch«
n Julius Horst und Wolf-
ng Pollaczek, Neues
hauspielhaus, Wien 1946

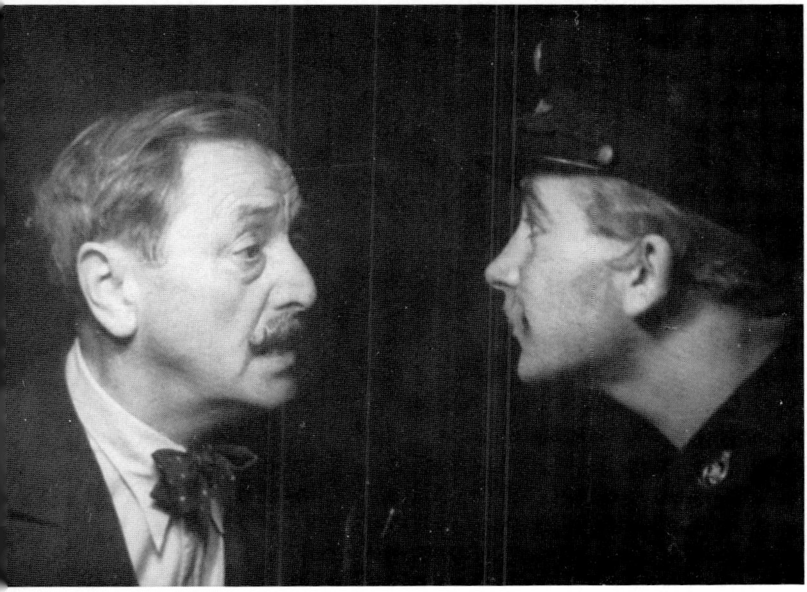

3/4 Als Bill Starbuck in »Der Regenmacher« von N. Richard Nash, Volkstheater, Wien 1955; links mit Helmi Mareich

Als Narr in Shakespeares »Was ihr wollt« mit Brigitte Antonius, Volkstheater, Wien 1957

Mit Edd Stavjanek und Walter Kohut (Mitte) in »Bärenhäuter« von Paul Willems, Volks-
ıeater, Wien 1957

7 Viermal Volkstheater Wien:
Als Diener Lanz in »Die beiden Veroneser« von William Shakespeare, 1960,…

8 …als Hermann mit Walter Kohut als Fran Moor in »Die Räuber« von Friedrich Schiller 1959,…

9 …als Teufel in »Mann, Frau, Kind« von Johann Nestroy, 1960,…

10 …und als Robespierre in »Dantons Tod« von Georg Büchner, 1960

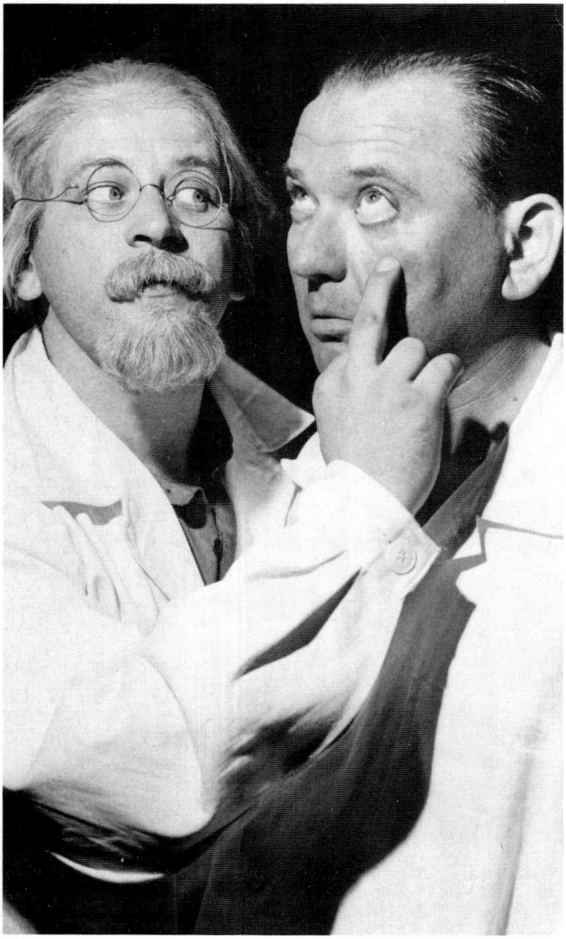

12 Zweimal Partner von Fritz Muliar: In dem Lust-spiel »Das Protektionskin[d«]von Gustav Davis…

◁◁ 11 Vorhergehende Seite: Als Robert Mayo in »Jenseits vom Horizont« von Eugene O'Neill, Volk[s]theater, Wien 1960

13 …und in dem Zwei-personenstück »Kennen Sie die Milchstraße?« von Karl Wittlinger, beide Volkstheater, Wien 1961 (links)

14 Gegenüberliegende Seite: Rollenporträt als D[er] Patient in »Kennen Sie di[e] Milchstraße?«

15 Mit Inge und Erich Neuberg in Salzburg

16 Mit Erich Neuberg bei Dreharbeiten

17 Mit Hans Weigel, Inge und Erich Neuberg bei einem Ausflug

ter. H. C. Artmann, Jörg Mauthe, Ingeborg Bachmann, Marlen Haushofer, Hans Friedrich Kühnelt, um nur einige zu nennen, haben ihm viel zu verdanken.
Hans Weigel war der Kunst, den Künstlern im allgemeinen sehr verbunden. Und er war Kritiker. Wie Friedrich Torberg bestand er dabei auf seinem subjektiven Urteil. Viele von Weigels Kritiken sind kleine Kunstwerke, verpackt in eine eigene Geschichte. Sie sind humurvoll, geistreich – und manchmal sehr hart. Man spürt aber immer den ganzen Menschen dahinter. Eine Persönlichkeit!
Hans Weigel gehörte nie zu jenen Kritikern, von denen Oskar Werner zu sagen pflegte: »Was weiß ein Eunuch von der Liebe?« Ganz im Gegenteil. Wie Kurt Hans Weigel kennengelernt hat, weiß ich nicht. Ganz sicher nicht, weil er sich für eine gute Kritik bedankt hat. Vielleicht durch den Umstand, daß man Tag für Tag im selben Kaffeehaus verkehrt hat. Ich weiß, daß Weigel mit Günther und Bedy Haenel, mit Helmut Qualtinger, Felizitas Ruhm, Walter Kohut und Paola Loew befreundet war. Und eben auch mit Kurt. Das soll jedoch nicht heißen, daß er in seinen Kritiken gegenüber seinen Schauspielerfreunden in irgendeiner Weise milder war. Freundschaft und Beurteilung waren zwei verschiedene Dinge. Seine Verrisse waren oft Stadtgespräch.
Nachts, wenn die Schauspieler des Volkstheaters immer noch nicht genug hatten, traf man sich im Gasthaus Fröhlich am Annaberg im 7. Bezirk.

400 JAHRE SHAKESPEARE (1564—1616)

„Troilus und Cressida“

Von William Shakespeare

Neu übersetzt von Richard Flatter

Inszenierung: Gustav Manker — Bühnenbild: Georg Schmid

Kostüme: Epi Schlüsselberger — Musik: Robert Leukauf

Priamus, König von Troja	E. A. Georges
Hector, seine Söhne	Klaus Höring
Troilus, seine Söhne	Michael Heltau
Paris, seine Söhne	Heinrich Trixner
Helenus, seine Söhne	Helmuth Lex
Aeneas, trojanischer Heerführer	Adolf Wessely
Calchas, ein trojanischer Priester	Oskar Willner
Cressida, seine Tochter	Elfriede Irrall
Pandarus, Oheim der Cressida	Fritz Muliar
Helena, ehemals Gattin des Menelaos	Helmi Mareich
Andromache, Gemahlin des Hector	Gudrun Erfurth
Cassandra, Tochter des Priamos	Paola Loew
Agamemnon	Egon Jordan
Menelaos	Mario Kranz
Ajax	Herbert Propst
Achilles	Herbert Prodinger
Ulysses	Ernst Meister
Nestor	Viktor Gschmeidler
Diomedes	Rudolf Strobl
Patroclus	Ingo Rau
Thersites	Kurt Sowinetz
Alexander, Diener des Paris	Kurt Jaeger
Diener des Troilus	Karl Schuster

16 Bilder, Pause nach dem 11. Bild

Bühnenrechte: Kurt Desch Verlag

Technische Einrichtung: Eduard Riedl — Beleuchtung: Robert Vareska

Masken: Hans Kres — Tontechnik: Eugen Andel

Kostüme aus den Werkstätten des Volkstheaters unter Leitung von Julie Frey und Otto Höger

Dekorationen aus den Ateliers des Volkstheaters unter Leitung von Hans Benesch

---

Programmpreis S 2.50

Besetzungszettel »Troilus und Cressida« von William Shakespeare, Volkstheater, Wien 1963

Dort hatten sie einen Stammtisch, an dem Walter Kohut, der ja gleichzeitig mit Kurt am Volkstheater engagiert gewesen ist, über Jahre hindurch tagaus, tagein anzutreffen war. »Gehn ma zum Fröhlich, der Kohut is auf jeden Fall da!«, war ein geflügelter Spruch. Ich kann mich an unzählige, nicht enden wollende Nächte im »Fröhlich« erinnern. Der Besitzer des Lokals, Josef Fröhlich, hat oft und oft mit viel Geduld und Liebe zum Schauspielervolk die Sperrstunde hinausgeschoben. Da wurden Geschichten erzählt, übers Theater geredet – aber kaum diskutiert. Oder man hat sich ganz einfach in die frühen Morgenstunden hineingeblödelt.

Zu Hause war man selten. Es gibt Zeiten im Leben, da scheint man nie müde zu werden.

Auch Hans Weigel war oft zu nächtlicher Stunde in diesen Runden anzutreffen. Ein Meister des Blödelns.

Er widmete zum Beispiel Walter Kohut zur Hochzeit mit der Schauspielerin Elfriede Irrall fünf Gedichte bzw. Szenen, geschrieben im Stil von Homer, Thomas Mann, Ionesco, Strindberg und Heinrich Heine.

Das Heine-Gedicht wollen wir hier abdrucken, erstens weil auch Kurt darin vorkommt, und zweitens weil man etwas vom Leben, das er und seine Freunde damals geführt haben, herauslesen kann – und ein bißl was von diesen »wilden Zeiten« darin spürt:

Der Ritter Kohut träumte
Wohl einen seltsamen Traum,
Er stand mit lächelnder Miene
In einem nüchternen Raum.

Vor ihm stand ein dürres Männlein
Und neben ihm stand ein Weib;
Dem Ritter ward es ängstlich,
Er bebte am ganzen Leib.

Das Männlein sprach stockend und stammelnd
Von Liebe und Treu in der Eh,
Vom Ausharrn fürs ganze Leben,
Da ward dem Kohut so weh.

Wo bin ich denn? – er schrie's fragend –
Ich will das alles nicht!
Die Tropfen auf seiner Stirne
Erglänzten im schimmernden Licht.

Du bist am Standesamte!
Das dürre Männlein rief's laut.
Herr Kohut fragte: Als Zeuge? –
Nein, nein, du wirst getraut.

Auf einmal ward aus dem Männlein
Durch magisches Gesetz
Des Ritters liebster Gespiele,
Der Kurti Sowinetz.

Ja, bist du denn von Sinnen –
Kurt sprach mit mildem Ton –
Was führst du da im Schilde?
Versprichst dir was davon?

Nein, nein, der Ritter Kohut
Mit bangem Schauder spricht –
Es ist ein Mißverständnis,
Ich will das wirklich nicht.

Will weiter ein freier Mann sein
Bei Nacht und auch bei Tag,
Ich will im Beisl hocken,
Ins Kino, wenn ich mag.

Ich bin ein Junggeselle
Vom rechten Schrott und Korn,
Ich brauche Spielraum und Freiheit,
Sonst packt mich wilder Zorn.

Ich bin ein Junggeselle,
Ein Junggesell, ein Ju-...
Doch da kam das dürre Männlein
Und hielt den Mund ihm zu.

Und neben ihm das Mädchen,
Packt seine Hand mit Macht.
Schon fühlt er den Ring am Finger,
Da schrie er – und ist erwacht.

Manchmal hat man heute das Gefühl, daß der Anspruch auf »gehobene Blödelei« ein bißchen verlorengegangen ist. Das Blödeln nur um des Blödelns willen.
Verlorengegangen – dieses Wort wird in dem Buch noch ziemlich oft vorkommen. Dabei wollen wir gar nicht, daß es wehmütig klingt. Man müßte es durch irgendein anderes Wort ersetzen können. Passé ...?
Aber warum eigentlich? Etwas, das verlorengegangen ist, kann man ja schließlich wiederfinden. Und die Bereitschaft zum Lachen gehört doch zum Menschen wie Händ' und Füß'...
Das war also ein Kapitel über Kurts Volkstheaterzeit sowie ein paar Gedanken zu den »Raimund«- und »Fröhlich«-Jahren. Und zu Hans Weigel, der unmittelbar damit verbunden war. Er ist während der Arbeit an diesem Buch im Alter von 83 Jahren gestorben.
»Verlorengegangen« wäre in diesem Fall übrigens ein Wort, das gar nicht recht passen würde. Man braucht ihn ja nicht wiederzufinden, denn er ist da. Auf seine Weise, in all seinen Werken.

WIR

Ich habe ihn im Café Raimund kennengelernt. Dort haben wir uns immer getroffen, meine Freundin Helma und ich. Sie war in einem Büro im 1. Bezirk angestellt, und ich habe in der Likörfabrik meiner Eltern als Destillateurin gearbeitet. Man kam sich auf halber Strecke entgegen nach einem langen Arbeitstag und hat im Schanigarten vom Raimund einen Kaffee getrunken und getratscht.

Und da ist er mir aufgefallen. Am Nebentisch. Er hat 2er-Zigaretten geraucht. Sie waren in quadratischen Schachteln drinnen, auf die er oft etwas gezeichnet hat. Auf Servietten auch.

Sich diese Augenblicke wieder voll in Erinnerung zu rufen, fällt mir im Moment alles andere als leicht. Blicke, die sich gekreuzt und getroffen haben irgendwo zwischen dem Stimmengewirr, dem geschäftigen Getue, den »kleinen Braunen«, dem Zigarettenrauch, den aufgeschlagenen Zeitungen des Café Raimund – eines unter den vielen Wiener Kaffeehäusern. Und doch auch nicht.

Irgendwann, als eine Zeichnung auf so einer 2er-Schachtel fertig war, riß er sie herunter und schenkte sie mir. Und so sind wir ins Gespräch ge-

Christus-Kopf

kommen, wie man so schön sagt. Man hat sich verabredet. Anderswo. Ich hab ihm von mir erzählt. Wo ich aufgewachsen bin. Was ich arbeite. Wie ich lebe. Ich bin in Ottakring aufgewachsen, so wie er, stellte sich heraus. Und dann: Ob's nun Zufall ist oder das »andere«, wie man »es« nennen mag: Wir haben nur ein paar Häuser voneinander entfernt unsere Kindheit verbracht. In der Arnethgasse.

Meine Eltern führten dort damals jene Likörstube, wo Kurt von seiner Mutter öfters hingeschickt worden ist, um Rum für den Tee zu holen.

Ich hab mich nicht an ihn erinnern können. Natürlich nicht. Ich war ja noch sehr klein. Und er wußte nur noch von irgend »so an klan Madl, das dort umananander g'rennt is«.
Ungefähr zur gleichen Zeit, als er aus der Wohnung seiner Eltern in der Arnethgasse ausgezogen ist, übersiedelten meine Eltern, meine Schwester und ich in die Gaullachergasse, wo mein Vater eine Likörfabrik eröffnete.
Wir unterhielten uns über unsere Kindheit in Ottakring.
Kurt erzählte von sich und seinem Beruf. Meine Freundin und ich waren ja eifrige Theatergeherinnen, ich hatte ihn auch schon im Volkstheater gesehen. Zu dieser Zeit schwärmten wir allerdings gerade von Fred Liewehr.
Ich war neugierig, etwas von dieser Welt zu erfahren, die ich nur vom Zuschauerraum aus kannte. Bald sollte ich dieses ganze Genre, das ich mit so verklärtem Blick betrachtet hatte, mit ganz anderen Augen sehen lernen.
Kurt war nicht »der Schauspieler«, wie man ihn sich gewöhnlich vorstellt. Er war bescheiden, introvertiert, eher skeptisch, liebte es in Gesellschaft absolut nicht, im Mittelpunkt zu stehen. Er mochte es auch nicht – als er später langsam bekannt wurde –, von Leuten angestarrt zu werden. Er war liebenswert, dabei aber schwierig und versponnen – das merkte ich bald, trotz meiner Jugend. Kurt war dreizehn Jahre älter als ich. Er hatte eine kurze, mißglückte Ehe hinter sich,

wollte sich eigentlich nicht mehr binden, aber ...
Wir trafen uns sehr oft, wie es die Zeit halt erlaubte, denn wir haben beide viel zu tun gehabt. (Ich in der Likörfabrik, er im Theater, im Funk und Fernsehen.)
Ich möchte über die Zeit, in der wir uns kennengelernt haben, nicht mehr sagen, sie nicht detailliert schildern. Es reißt zuviel auf, im Moment. Außerdem gibt's auch Geheimnisse zwischen Menschen ...
Ich erzähle lieber etwas, das mich weniger traurig macht.
Bei diesen ersten Rendezvous wurde Kurt sofort mit meiner Tierliebe konfrontiert. Die ist ihm, mit mir zusammen, richtiggehend eingebrockt worden.
Seit ich ein kleines Mädl war, habe ich Hunde gehabt. Den ersten, den Rolfi, habe ich mir mit nicht einmal sechs Jahren auf eigene Faust vom Wirt an der Ecke, dessen Hündin gerade geworfen hatte, geholt und meine Eltern vor die vollendete Tatsache gestellt. Als dieser im Alter von neun Jahren einen Stein verschluckte und eingeschläfert werden mußte, setzte ich durch, daß mir derselbe Wirt Rolfis siebenjährigen Halbbruder Moro übergab, der bei seinem Besitzer ohnehin eher unerwünscht war, da er ein bißl bissig gewesen ist – bei mir ist er übrigens fast ganz brav geworden! Langer Rede kurzer Sinn: diesen besagten Moro hatte ich einmal bei mir, als ich mich mit Kurt getroffen habe. Dem blieb dieses schwarzen

Kerls wegen das Herz stehen: »Jössas, was is denn das für ein Viech! Ich fürcht mich vor schwarzen Schäferhunden. In dem Gasthaus neben meinen Eltern ist nämlich immer so einer vorm Eingang gelegen und hat so g'fährlich dreingschaut, daß sich keiner vorbeigetraut hat. Mich hat er sogar einmal ins Wadl 'bissen! Seither hab ich Angst vor Hunden!«

»Das ist er!« habe ich gesagt und gelacht, denn es war nicht irgendein schwarzer Hund, der da unter unserem Tisch lag, sondern genau dieser, der Kurt ins Wadl gebissen hatte.

Kurt gewöhnte sich an ihn, denn junge Liebe erträgt viel. Sogar den Moro. Dafür hat er Kurt auch nie mehr gebissen.

Nachdem Moro gestorben ist, folgte ein paar Jahre Hundepause. Aber als du dann da warst, begann's von neuem: wir schafften den Schäferhund Rolfi 2 mit den weißen Pfoten an! Es folgten Hasen, Meerschweinchen, Fische, Molche, Papageien und schließlich drei Islandponys (die haben ihre eigene Geschichte). Kurt, der bis dahin, wie gesagt, Schwierigkeiten im Umgang mit Tieren hatte, kam sich vor »wie in einem Walt-Disney-Film« – und liebte sie alle.

Rolfi 2 wurde vierzehn Jahre alt und begleitete dich deine ganze Kindheit hindurch. Weil wir alle über seinen Tod so traurig waren, wurde der einjährige Langhaarschäfer Filou geholt, der leider schon mit sieben Jahren eingeschläfert werden mußte.

Der letzte Hund, den Kurt erlebte, war Atréju. Er hatte sich nach Filou noch einmal ein Hundebaby gewünscht – mittlerweile konnte er sich ein Leben ohne Bellen und Keuchen und Hölzchenholen gar nicht mehr vorstellen.
Wir haben lange nach dem Richtigen gesucht, und als wir Kurt schließlich angerufen haben, daß wir jetzt mit so einem Kleinen nach Hause kommen, hat er geantwortet, er hat schon geahnt, daß wir endlich einen gefunden haben und daß er sich gerade die Fingernägel manikürt, um ordentlich auszusehen, wenn das neue Familienmitglied bei uns einzieht. Auch das ist Liebe.
Und Atréju, der gerade zu unseren Füßen liegt und schnarcht, und dem du seinen Namen aus der »Unendlichen Geschichte« gegeben hast, ist wieder schwarz – wie der Moro –, mit dem diese »Unendliche Hundegeschichte« für Kurt begonnen hat. Soviel zu den Tieren.

1963 heirateten wir. Und unsere Hochzeitsreise führte uns auf die jugoslawische Insel Krk, wo Kurt *Warten auf Godot* drehte.
Wir zogen in das Haus Gaullachergasse 37 ein, wo mein Vater für uns den zweiten Stock ausgebaut hatte. Wenn Helmut Qualtinger später bei uns zu Besuch war, wollte er immer von mir in der Likörfabrik, die sich im Hintertrakt unseres Hauses befunden hat, herumgeführt werden, weil ihm die Atmosphäre so gut gefallen hat.
Kurt hatte, wie gesagt, beruflich sehr viel zu tun,

und es kamen bereits die ersten Plattenaufnahmen dazu. Irgendwann hat es sich eingebürgert, daß ich ihn abgehört habe. Das heißt, ich saß mit dem Textbuch da und las ihm seine Stichworte. So arbeiteten wir oft noch nach der Vorstellung die halbe Nacht durch. Da ich um sieben Uhr früh bereits wieder im Geschäft zu arbeiten begonnen habe, waren das recht schlafarme Zeiten.
Und ein Jahr später wurdest du ja schon geboren. Da wurden sie noch schlafarmer. Er hat dir eine Wiege gebaut, sie bemalt und sich darauf gefreut, wenn du groß genug bist, um für dich Spielzeug zu basteln. Einmal hat er zu mir gesagt, daß er zusammen mit dir aufwachsen will. Jeder der ihn genauer gekannt hat, wird wissen, wie das gemeint war.
Euer Verhältnis war nie Vater – Kind im herkömmlichen Sinn. Ein Beispiel für seine »Erziehungsmethoden« werde ich nie vergessen. Als du etwa vier Jahre alt warst, hast du versehentlich ein Glas Rotwein umgestoßen. Die intensiv gefärbte Flüssigkeit ergoß sich über ein sehr teures hellblaues Tischtuch mit weißer Stickerei, und es war klar, daß die Flecken nie wieder zu entfernen sein würden. Du bist erschrocken und hast zu weinen begonnen. Da stand Kurt auf, nahm sein Glas und vergoß den Inhalt kreuz und quer über dem Tischtuch. Den Freunden, die dabeigesessen waren, blieb kurz der Atem stehn. Und Kurt sagte nur zu dir: »So und jetzt sagst mir, welche Flecken deine und welche meine sind ...«

Kurt versuchte trotz seiner vielen Arbeit möglichst viel Zeit zu Hause und bei dir zu verbringen. Deshalb nahm er auch keine längeren Theaterengagements im Ausland an und machte nur zeitlich begrenzte Fernsehspiele. In Zeiten, in denen er Proben, Aufzeichnungen und Vorstellungen hatte, sperrte er die Werkstatt, die er sich in unserer Wohnung eingerichtet hatte, zu. Und dann bedauerte ich ihn wegen seiner »armen, weichen Schauspielerhände«, die er immer bekommen hat, wenn er nicht handwerklich arbeitete.
Aber es gab auch Wochen, in denen er »nur« Vorstellung oder »nur« Proben hatte. Da widmete er sich intensiv seinen vielen verschiedenen Interessen und Hobbys abseits des Schauspielerberufes. Er malte, bildhauerte, schnitzte, bastelte Flugzeuge und Modellboote, baute Instrumente. In seiner Werkstatt stand eine eigene Drehbank. Er hatte mit Hilfe von -zig Fachbüchern das Handwerk des Feinmechanikers erlernt und mit einer enormen Geduld und Ausdauer die präzisesten Arbeiten auf der Drehbank ausgeführt, um die winzigen Teile, die er für seine wirklich funktionstüchtigen Minidampfmaschinen gebraucht hat, herzustellen.
Er war nicht einer von jenen Schauspielern, die mit sich nichts anzufangen wissen, wenn sie nicht auf der Bühne oder vor der Kamera stehen. Ihm wurde nie fad. Im Gegenteil. Kurt hatte eher Mühe, all seine Hobbys in seiner Freizeit unterzubringen. Und all die Pläne, die er im Kopf hatte. Deshalb arbeitete er oft ganze Nächte durch.

Dunja hat das so erlebt:

– – – Als ich klein war, profitierte ich sehr von diesen vielfältigen Talenten. Er bastelte mir zum Beispiel sämtliche Tiere aus dem »Dschungelbuch«. Er schnitt sie aus Holz aus, bemalte sie, und das Schönste war, daß sie sogar bewegliche Beine hatten. Der Tiger Sher Khan, der Bär Balou, der Elefant Hathi, der Panther Baghera – alle sahen genauso aus wie im Film von Walt Disney. Nur waren sie, fast möchte man sagen, aus Fleisch und Blut – also gut, aus Holz und Leim und Ölfarbe. Und sie regten die Phantasie an, eine eigene Dschungelgeschichte zu erfinden.
Dann erinnere ich mich noch an einen zauberhaften, großen grünen Märchendrachen und an ein von ihm gebautes Elektrodreirad, das mit einem Auto-Scheibenwischermotor betrieben wurde, auf dessen Batteriekasten man sitzen konnte. Es war mit bunten Blumen bemalt. Abwechselnd kurvten er und ich in der Wohnung herum, und jeder Weg in die Küche wurde »motorisiert« zurückgelegt. Die schwarzen Streifen, die die Gummireifen auf dem Parkettboden hinterließen, wurden von dir freundlichst übersehen. – – –

Im Laufe der Zeit hatte ich auch alle seine Freunde kennengelernt. Es waren Menschen, die man nicht so leicht vergißt. »Waren« deshalb, weil die meisten von ihnen nicht mehr am Leben sind: Walter Kohut und Hans Weigel, von denen wir schon erzählt haben, Helmut und Leomare »Medy« Qualtinger, Erich Neuberg, Gerhard Freund.

In dieser Wohnung mit der Werkstatt, in diesem Haus mit der Likörfabrik, in der Gaullachergasse 37 verbrachten wir die nächsten 23 Jahre.

HELMUT

Helmut Qualtinger und seine erste Frau Leomare, genannt Medy, haben mich eigentlich sehr selbstverständlich aufgenommen, obwohl ich noch sehr jung gewesen bin. Was sie zu dem Zeitpunkt, als ich in ihrem Kreis aufgetaucht bin, tatsächlich über mich gedacht haben, weiß ich nicht. Fest steht, daß Helmut einige Jahre später die Äußerung fallen ließ: »Du wirst eigentlich immer netter!« So ist er gewesen.

Medy und ich wurden Freunde, ich glaube, das kann ich sagen. Wir telefonierten oft miteinander, wenn wir nicht die Gelegenheit hatten, einander zu sehen, weil wir zu Hause bei unseren Kindern waren. Sie bei ihrem und Helmuts Sohn Christian, ich bei dir. Bei einem dieser Gespräche habe ich ihr eine kleine Episode aus dem Alltagsleben zwischen Kurt und mir erzählt, die sich folgendermaßen abspielte:

Kurt hat nie einen Führerschein besessen, weil er als junger Schauspieler sich den Rat seines Kollegen Ernst Waldbrunn sehr zu Herzen genommen hatte: »Bei an Schauspieler muaß a Taxi drin sein, sonst hat er nix erreicht in dem Beruf!« Das Taxi war in vielen Fällen eben ich, und als ich ihn ein-

mal im Winter von einer Vorstellung abgeholt habe, entspann sich eine heftige Diskussion über ein Thema, das ich längst vergessen habe. Es hatte irgend etwas mit Theater zu tun.
Nachdem ich eingeparkt hatte, warf ich in meiner Aufregung statt der Zigarette, die ich mir im Laufe der Debatte angezündet hatte, die Autoschlüssel beim Wagenfenster hinaus in den tiefen Schnee. Kurt beobachtete mich, ohne einen Finger zu rühren, minutenlang dabei, wie ich im Schnee herumkriechend den Schlüsselbund – Haustor- und Wohnungsschlüssel waren auch dran – gesucht habe. Dann meinte er seelenruhig: »Was is? Schwierig bin i selber.«
Über dieses Schwierigsein unserer Männer haben Medy und ich unsere Erfahrungen ausgetauscht und festgestellt, daß es mitunter sehr kompliziert ist, ihre Stimmungsschwankungen, Gemütsverfassungen, mitunter auch Depressionen aufzufangen. Warum machten wir das eigentlich mit? Mitmachen – das haben wir nicht im Sinne von Leiden gemeint, sondern von Mittun. Mit hinauf und mit hinunter ... Kurt und Helmut waren alles andere als unkomplizierte Menschen, und man hatte es weiß Gott oft nicht leicht mit ihnen.
»Was willst machen ...«, war meine Schlußfolgerung, warum man mittut, und auch noch gerne, »sie schillern halt, die Gfraster!«
Da hat sie sehr gelacht, die Medy, die Journalistin war und Kinderbuchautorin, und man war sich

einig über dieses Schillern. Allerdings auch darüber, daß man mit allzuviel Verständnis und Augenzudrücken eventuell einmal als »die Blöde« dastehen könnte.
So entstand ein kleines Gedicht, das ich nur noch – hoffentlich richtig – aus der Erinnerung zitieren kann. Es ging leider bei unserem letzten Umzug, genauso wie die vielen Briefe von Kurt, verloren.

Wannst di fürchst vor ana Maus,
Springst am Sessl und es is aus –
Du bist a Trutschn
Und hast dei ganzes Lebn
A schenes Lebn.

Wannst di aber net fürchst vor ana Maus,
Schaufelst dei Auto im Winter selber aus.
Du bist »a klassa Bursch«,
Auf den a Mann,
Sich jeder Zeit verlassen kann.

Und du bist so lang klass und fürchst di net,
Bis dei Mann plötzlich auf a Trutschn steht,
Die ohne seine »starke Hand« verlorengeht.

Was machst'n dann?
Fangst jetzt du di zum fürchtn an?
Wirst a wia a Trutschn so bled?
Hör auf –
Hör auf, dazua is's z'spät!

Helmut und Kurt waren in jener Zeit sehr viel zusammen. Helmut brauchte immer Menschen um sich, sogar am Heiligen Abend.
Manchmal war's schon sehr anstrengend, denn die Nächte fanden oft kein Ende. Im Café Klinik, in der »Rauchkuchl«, im »Falstaff«, im »Gutruf«. Damals, bevor du auf die Welt gekommen bist, habe ich relativ oft mitgehalten bei diesen Unternehmungen, in Kurts und Helmuts »wilden Jahren«.
Selbst am Abend, bevor du geboren wurdest, hat Kurt nach einer gemeinsamen Probe Helmut zu uns nach Hause gebracht. Kurt war da schon an der Josefstadt engagiert, und sie spielten zusammen *Lumpazivagabundus*. Das war im Jahr 1964. Ich habe was gekocht, und als wir dann im Speisezimmer bei Tisch gesessen sind, begann auf einmal das gesamte Geschirr zu scheppern. Ich habe einen bösen Blick auf Helmut geworfen, weil ich gedacht habe, er macht wieder einen von seinen berühmten Scherzen.
Dieser Verdacht kam nicht ganz von ungefähr, denn Helmut hat mich während meiner Schwangerschaft des öfteren mit Einfällen komischer bis makabrer Art beglückt. Wie man weiß, reagiert man in diesen neun Monaten nicht selten überempfindlich auf gewisse Speisen, und so brachte er mir einmal als Gastgeschenk aus einem Delikatessengeschäft zwei Konservendosen mit exotischen Gerichten mit. Als ich eine davon geöffnet habe, starrten mich die toten Augen von zehn ge-

bratenen Heuschrecken an. Ich schwöre, es ist die Wahrheit! In der anderen Dose befanden sich Asseln in Schokoladesauce. Man stelle sich nur die Ausdauer vor, mit der Helmut nach dieser ungewöhnlichen Überraschung gesucht haben muß. Doch an jenem Abend hat er nicht durch irgendeinen listigen Trick das Geschirr klappern und schließlich sogar den Luster schwanken lassen. Die Ursache war – ganz untheatralisch – ein Erdbeben. In derselben Nacht noch bin ich ins Krankenhaus, und am nächsten Tag um neun Uhr früh warst du auf der Welt.

Die Zusammenkünfte fanden darauf oft und oft bei uns zu Hause in der Gaullachergasse statt und nicht wie früher in diversen Cafés und Lokalen, weil Kurt schließlich gerne in deiner Nähe geblieben ist. Man saß und redete und phantasierte und blödelte eben in unserem Wohnzimmer. Ich sehe ihn noch vor mir, den Helmut, diesen großen, schweren Mann, wie er dich, wenn du geweint hast, in den Arm genommen hat und mit dir auf und ab gegangen ist. Lange, lange und mit großer Geduld.

Kurt und er hatten in gewisser Weise die absolute Übereinstimmung in Sachen Humor. Tatsächlich haben sie so viel miteinander geblödelt, Pflanzereien und Streiche inszeniert, daß oft die Andeutung eines Blicks, ein Augenzwinkern ausreichte, um »eine Sache ins Rollen zu bringen«. Sie waren durch ihr vieles Zusammensein ein »eingespieltes Paar« geworden.

Als Medy, Helmut, Kurt und ich eines Abends in einem gutbürgerlichen Gasthaus zum Nachtmahl verabredet waren, ereignete sich folgendes: Wir schauten in die Karte, wählten unsere Speisen, der Kellner nahm die Bestellung auf, verschwand und erschien nie wieder. Wir warteten und warteten mit immer lauter knurrenden Mägen. Plötzlich – ein Blick zwischen Helmut und Kurt genügte – schleuderten beide ihre Papierservietten – ich sehe das Rosa noch deutlich vor mir – auf den Teller und speisten sie mit Messer und Gabel auf eleganteste Weise ratzeputz auf. Irgendwie hatten sie's, ohne ein Wort zu sagen, geschafft, daß das gesamte Lokal zu uns herüberstarrte. Ich flüsterte Medy zu: »Wenn die nicht bald aufhörn, setz ich mich untern Tisch!«, so peinlich war mir die Angelegenheit. Doch dazu kam es nicht. Wir hatten in Blitzesschnelle unsere Speisen vor uns stehen.
Ich kann mir beim besten Willen nicht vorstellen, daß Helmut und Kurt sie genießen konnten, mit diesem Klumpen Papier im Magen ...

Diese Art von Spielereien fanden ihre Höhepunkte zweifelsohne in einigen Salzburger Sommern, in denen an arbeitsfreien Tagen Helmut, Kurt und Freunde wie Heinrich Schweiger und Rudolf Rhomberg ihre Umgebung des öfteren kräftigst aufs Korn genommen haben. Man sah darin eine Art Freizeitvergnügen, aber man konnte das ganze natürlich auch – wenn man so

will – als berufliches Studium von Menschen in bestimmten Situationen betrachten. Jedenfalls kamen, wenn schon nicht die »gepflanzten Leute«, so doch wenigstens die sommerlich ausgelassenen Schauspieler auf ihre Kosten.
Einmal wurde ich, die sonst nur als inaktive Beobachterin teilgenommen hat, unmittelbar mit ins Geschehen eingebaut. Es war eine der »kleineren Aktionen« unter dem Motto »Wie reagieren die Leute, wenn ...?
Helmut und Kurt haben einen unübersehbaren Hang zum Makabren und zum schwarzen Humor gehabt, und so kam Helmut, als wir einmal spät nachts von einem Lokal den Heimweg angetreten haben, auf die Idee: »Paß auf«, er meinte mich, »wir machen was! Du gehst vor, ich geh dir nach. Du drehst dich nach mir um, wirst schneller. I wer a schneller. Und du muaßt schaun, daß i di grad unter ana Latern dawisch. I würg di, du schreist, und dann schaun ma, was passiert!«
Gesagt, getan: Mann verfolgt Frau in der Nacht, Schritte hallen in den dunklen Gassen, Mann erwischt Frau, beginnt sie zu würgen, Frau schreit um Hilfe – und: nichts passierte. Die paar Nachtschwärmer, die unterwegs waren, haben mit keiner Wimper gezuckt, ihre Ohren zugeklappt und sind, nachdem sie vorher die Straßenseite gewechselt haben, ihrer Wege gegangen. Helmut sagte nur zu mir: »Sixt, so san s'.«
Es ist schon wahr, man konnte bei solchen Provokationen etwas tiefer in die Seele der guten Mit-

bürger sehen als gewöhnlich. Natürlich verwendete Qualtinger Erfahrungen dieser Art manchmal für Kabarett-Sketche, Essays und bösartige Chansons, und Kurt fand hier zusätzliche Facetten in der Gestaltung einer gewissen Sorte von Menschen.

Rudolf Rhomberg, der dieses Genre bis zur Perfektion aufblühen ließ, wurde den beiden ein ausgezeichneter Komplize auf ihren verstellungsreichen Feldzügen durch die noble Salzburger Gesellschaft. Rhomberg also hatte einen ihm verwandten Zahnarzt dazu gebracht, ein absolut professionell gemachtes Gebiß mit draculaähnlichen Zähnen anzufertigen. Dieses wurde Heinrich Schweiger, dem vierten im Bunde, der sich bereit erklärt hatte es zu tragen, so perfekt angepaßt, daß er damit sprechen, trinken und sogar weiche Speisen essen konnte. Es trug den Namen »Iffland-Gebiß«, war inspiriert durch den gleichnamigen Ring, wurde jeden Salzburger Sommer neu »verliehen« und landete das Jahr über in einem Safe.

Ausgerüstet mit jenem Iffland-Gebiß zogen Helmut, Heini Schweiger und Kurt los, um die Lokale der Festspielstadt unsicher zu machen. Schweiger als »Anstaltsinsasse auf Ausgang«, Qualtinger als sein Arzt und Kurt als sein Pfleger. Man wollte beobachten, wie die feinen Leute auf einen nicht in die Norm Passenden reagieren ... und dabei natürlich eine Hetz haben. Das war damals in den frühen sechziger Jahren noch möglich, weil zu dieser Zeit nicht in jeder Wohnung

ein Fernseher gestanden ist, denn sonst wären sie ja doch von einigen erkannt worden.
Eines Abends hatten sie sich in ein sehr exklusives Restaurant begeben. Heini mit seinen Zähnen benahm sich ziemlich auffällig, verlangte ständig Wein. Helmut gab »hinter seinem Rücken« dem Kellner »diskret« zu verstehen, daß er das gewünschte Getränk auf keinen Fal bringen solle, und Kurt raunte dem verwirrten Mann zu, er solle dem »Pflegling« statt dessen Obi hinstellen, da dieser auf Alkohol unter Umständen sehr rabiat werden könnte. Der Ober fiel von einer Ohnmacht in die andere und brachte aus lauter Panik, daß etwas passieren könnte, den Apfelsaft. Heini prostete selig lächelnd seinen beiden »Aufsichtspersonen« zu. Doch nach dem ersten Schluck spuckte er den Saft aus und äußerte lautstark und unaufhaltsam: »Das ist kein Wein, das ist kein Wein ...!« Helmuts und Kurts Versuche, ihn mit salbungsvollen Worten zu beruhigen bzw. ihn mit »gekonntem Griff« niederzuhalten, schlugen fehl. Die Leute an den umliegenden Tischen, die schon indignierte Blicke getauscht und geworfen hatten, als die drei das Lokal betraten, verlangten schön langsam die Rechnung. Die Situation war ziemlich peinlich.
Bald erschien der Chef des Hauses und legte mit hochrotem Kopf der kleinen Gesellschaft nahe, das Lokal zu verlassen. »Wir haben ja nichts gegen Kranke, aber Sie wissen ja ...« Am Nebentisch saß ein österreichischer Dichter und Intel-

lektueller, dessen Namen ich lieber für mich behalte, der, tragisches Vibrieren in der Stimme, den Lokalbesitzer mit seiner »höheren Einsicht« beglückte: »Lassen Sie sie nur hier! Die Narren sind die Fingerzeige Gottes.«
Ausgangspunkt für solche Streiche war oft nur ein einziger Satz von Helmut, Heini, Rhomberg oder Kurt, der die Situation kurz umreißen sollte. Die anderen stiegen dann ad hoc darauf ein, in etwa so, wie man es heute auf der Schauspielschule beim Improvisationsunterricht tut, nur eben mit absolut unvorhersehbarem Ausgang, da ja so viele Uneingeweihte mit einbezogen wurden.
Man saß zum Beispiel in einem Café-Restaurant, wo zufällig gerade Fünf-Uhr-Tee war, und einer sagte: »Paß auf, Heini, du nimmst dein Gebiß und forderst ein paar junge Mädchen zum Tanz auf!« In diesem Fall spielte Heini einen ganz normalen Menschen mit etwas verunglückten Zähnen, und die anderen waren kein »Aufsichtspersonal«, sondern Freunde, die mit ihm ausgingen.
Heini ging also etwas schüchtern und lieb auf das eine oder andere Mädchen zu und forderte es auf. Er bekam natürlich etliche Abfuhren, aber einige gingen dann doch, etwas peinlich berührt, mit ihm auf die Tanzfläche. Bei den diversen Verehrern der jungen Mädchen machte sich mehr und mehr eine ungute Stimmung breit, und man hatte das Gefühl, sie würden Heini demnächst attakkieren. Vom Beobachtungsposten aus fühlte man sich mulmig.

Plötzlich näherten sich von einem der Tische zwei Burschen, »Halbstarke«, wie man damals sagte. Sie trugen Motorradjacken, und es umgab sie auch sonst ein Flair wie Marlon Brando in dem Film *Der Wilde*. Heini hatte gerade wieder Platz genommen, sie setzten sich dazu. Das trug nicht gerade dazu bei, das Mulmigkeitsgefühl zu beseitigen. Doch sie begannen sich mit dem vermeintlichen Außenseiter zu unterhalten und boten ihm sogar ihre Hilfe an für den Fall, daß ihm die »netten« gutbürgerlichen jungen Herren zu nahe treten sollten. Jetzt genierten sich alle, weil plötzlich von einer Seite, von der man es eigentlich nicht erwartet hatte, Unterstützung kam. Die Fronten waren vertauscht. Die Gefahr ging plötzlich von den Harmlosen, Gesitteten aus. Die beiden »Wilden« mit ihren Lederjacken hatten als einzige mit Verständnis reagiert auf einen, der ein bißl anders war als die anderen.

Hierher gehören auch die Spompanadln, an denen ausschließlich Kurt und Rhomberg beteiligt waren.

Kurt, Rhomberg, dessen Frau und ich waren eines heißen, probenfreien Nachmittags in Salzburg unterwegs. Um irgendwo in die Kühle zu gelangen, fiel der Satz: »Wißt's was, wir gehen jetzt in die Kokoschka-Ausstellung und zahlen nix!« Also rollten Rhomberg und Kurt ihre Textbücher zusammen, nahmen sie unter den Arm (um »wichtig« zu erscheinen) und gingen so zur Kassa. Dort fragten sie nur: »Ist der Oskar schon da?«, worauf das junge Mädchen ehrfurchtsvoll antwortete, daß der Herr Professor noch nicht eingetroffen sei. Die beiden haben natürlich gar nicht gewußt, ob der große Künstler an diesem Tag überhaupt kommen sollte, es war nur ein »Probeschuß«. Dann konstatierte Kurt kurzentschlossen: »Na, macht nichts, wir gehen inzwischen rein und schauen uns die Bilder an. Wenn er kommt, sagen S' ihm halt, daß wir da sind.« Das arme Mädel traute sich gar nicht zu fragen, wer wir denn eigentlich wären, weil die beiden gar so souverän in ihrer Funktion als bedeutende Kokoschka-Freunde waren. Und so spazierten wir ungehindert hinein und sahen uns die Ausstellung an. Nur Rhombergs Frau und ich konnten die Bilder nicht sonderlich genießen, da wir ständig befürchteten, Kokoschka käme herein und der Schwindel flöge auf. Aus lauter Angst vor einem Eklat sekkierten wir unsere Männer so lange, bis wir schließlich gegangen sind.

Diese »kleine Aktion« hat den Spieltrieb der beiden jedoch keineswegs gestillt, denn kaum waren wir draußen, beschlossen sie: »Wir gehen in den Zwergerlgarten im Mirabellpark und kassieren dort Eintritt.«

Diesmal konnte ich meine Panik nur schwer unterdrücken, da wirklich jeder Mensch in Salzburg weiß, daß der Eintritt in den Zwergerlgarten frei ist. Ich war der festen Überzeugung, daß wir noch an diesem Tag auf dem Polizeikommissariat landen würden. Doch die zwei beorderten uns auf

eine Parkbank und meinten, sie würden das schon machen. Sie stellten sich links und rechts vom Eingang auf und fragten jeden, der kam: »Sind Sie Salzburger?« War die Antwort: »Ja«, hat's geheißen: »Gehen Sie weiter!«, war die Antwort »Nein«, verlangten sie einen Schilling Eintritt.
Gott sei Dank dauerte der Spuk nicht allzulange. Als jeder vierzehn Schilling hatte, wurde die Aktion zu meiner Freude beendet. Es war auch höchste Zeit, da sich bereits einige Ortsansässige murrend über die »blöde Erfindung der Stadt Salzburg«, für den Zwergerlgarten Eintritt zu verlangen, unterhielten.
So hatten es Kurt und Rhomberg an einem probenfreien Tag trotzdem geschafft, zwei Rollen zu spielen.
Zurück zu Helmut. Abgesehen von derartigen Aktivitäten haben Helmut und Kurt sich, wenn sie zusammen ihre freien Abende verbrachten, damit unterhalten, auf gängige Melodien einen neuen Text zu finden. So entstand, inspiriert durch das liebliche Salzkammergut, ihre Version eines Volksliedes – ich kann mich noch gut daran erinnern, wie sie sich vor mir aufpflanzten und in reizend-melodiöser Zweistimmigkeit dieses bezaubernde Lied vortrugen:

Auf der Alm, auf der Heh,
Steht es Dirndal beim Reh,
Steht der Jaga dabei – – –
Leckt's mi am Oasch olle drei!

Man war eben ständig geistig produktiv. Hat geblödelt, komische, makabre Sachen erfunden. Einer hatte eine Idee, die wurde vom anderen aufgegriffen, und zusammen spintisierte man weiter. So entstand, aus dem einen oder anderen Einfall am Wirtshaustisch, manchmal tatsächlich ein Liedertext – mit seinem Ursprung in einer Blödelei.
So geht auch Helmuts berühmter, auf die Melodie vom »Banana-Boat-Song« gedichteter »Jedermann-Kollapso« auf einen dieser Einfälle zurück: »Komm, Mister Jedermann, gemma bißl sterben! Brüaderl kumm, deine Stunden sind um.«
Zurückblickend war das eine Zeit, wo in größerem Ausmaß als später ungewöhnliche Dinge unternommen wurden, wo gelacht, gemeinsam getrunken, gelebt worden ist. Vielleicht war es wirklich so, daß gerade diese Generation, deren frühe Jugendjahre von einem schrecklichen Krieg geprägt waren, ein ganz besonderes Nachholbedürfnis hatte. In unzähligen Lokalen, von der Wiener Innenstadt über die Vorstadt bis ins Salzkammergut hinein, entstand aus entspanntem Gelächter, eine Fülle origineller Ideen.
Helmut und Kurt haben damals gemeinsam einige Platten aufgenommen. Da waren mehrere LPs vom »Heiteren Bezirksgericht«. Auf diesen Sprechplatten hatten sie Gelegenheit, ihren Spaß an der Darstellung der verschiedensten österreichischen Typen zum Ausdruck zu bringen – die hatten sie ja zu ihrem privaten Vergnügen gründ-

lichst studiert. Dann entstand, aus ihrem Hang zum Makabren und zum schwarzen Humor, die Moritatenplatte »Das Morden höret nimmer auf«, basierend auf alten Texten und manchmal untermalt von Leierkastenmusik. Sie standen auch oft gemeinsam vor der Kamera, viele Male unter der Regie des gemeinsamen Freundes Erich Neuberg.

Ihr aufwendigster gemeinsamer Film war *Das falsche Gewicht* nach dem gleichnamigen Roman von Joseph Roth und unter der Regie von Bernhard Wicki. Dabei waren ihre Partner Agnes Fink, Evelyn Opela und der Maler Gottfried Kumpf. Das Drehbuch schrieb Fritz Hochwälder, Gerhard Freund, der ehemalige Direktor des Österreichischen Rundfunks, der zu dieser Zeit bereits die deutsche Filmfirma Intertel leitete, produzierte den Film.

Gedreht wurde in Budapest und Umgebung. Damals, im Jänner 1970, herrschten in Ungarn noch ziemlich verheerende Arbeitsbedingungen. Als Garderobenräume standen oft nur ungeheizte Baracken zur Verfügung. Es war ein bitterkalter Winter, und man mußte des öfteren für Außenaufnahmen den ganzen Tag im Freien verbringen. Ich kann mich erinnern, daß mir Kurt erzählte, er hätte einmal nach Drehschluß seine vom vielen Schnee komplett durchnäßte Hose in einer dieser Baracken ausgezogen und hingelegt in der Hoffnung, daß sie bis zum nächsten Tag wieder trocknen würde. Doch da war sie so steifgefroren, daß man sie beim Anziehen nur hinzustellen brauchte.

Eine der Hauptdarstellerinnen beim *Falschen Gewicht* war die Natur. Sie steuerte Wind und Schnee bei, und sie lieferte zeitgerecht den von Joseph Roth vorgesehenen Eisstoß auf der Donau, obwohl man darauf eingestellt war, ihn künstlich herstellen zu müssen. Sie arbeitete ohne Gage, doch sie forderte ihren Tribut an Erkältungen, wetterbedingten Mißstimmungen und teilweise äußerst ungünstigen Arbeitsbedingungen. Die Natur hatte zweifelsohne ihre bedingungslosen großen Auftritte in dieser Produktion, und sie ließ sich von keiner Filmfirma und keinem Regisseur der Welt dreinreden. Sie tat das, was sich so mancher Schauspieler sehnlichst wünscht: sie arbeitete, wie seit Jahrtausenden, nach ihren eigenen Gesetzen.

Trotz der schwierigen Bedingungen ließ man sich nicht davon abhalten, an den drehfreien Abenden im Budapester »Mathias-Keller« beieinanderzusitzen. An einem dieser Abende – ich war gerade übers Wochenende zu Besuch – erhob sich Helmut zu fortgeschrittener Stunde und begann in seiner typischen Manier einen russischen Major zu parodieren. Er hielt, ohne auch nur ein Wort Russisch zu können, eine Ansprache an seine Kollegen. Kurt ist, als alteingespielter Partner, sofort eingestiegen und spielte den Dolmetscher für uns. Das heißt, er übersetzte alles, was Helmut (nicht) sagte, gewissenhaft ins Deutsche.

Man muß dazu sagen, daß das Ungarn des Jahres 1970 mit dem heutigen freien Ungarn wenig gemeinsam hatte. Etwaige Versuche, das kommunistische Regime lächerlich zu machen, stießen damals auf wenig Gegenliebe. Das hinderte uns jedoch nicht daran, über Helmuts und Kurts kleine Einlage Tränen zu lachen.
Plötzlich stand am Nebentisch ein älterer Herr auf und äußerte im gebrochenen Deutsch: »Hören Sie auf, Herr Qualtinger, diesen Unsinn haben Sie schon damals in Wien gemacht!«
Es war ein russischer Offizier, der auf Helmuts »Scherze« in der Besatzungszeit angespielt hat, an die er sich, nachdem er damals in Wien stationiert gewesen ist, jetzt wieder erinnerte. Er hatte in Sachen Humor seit jener Zeit also nicht besonders viel dazugelernt.
Helmut und Kurt ließen sich jedoch nicht daran hindern, an eitel festgehaltenen bestehenden Werten ein bißchen zu kratzen, und setzten ihre Rede und deren Übersetzung unbeirrt fort. Der russische Offizier verließ daraufhin wutschnaubend das Lokal.
Ein kleines Detail am Rande war, daß Helmut eines Tages eine Verabredung mit Kurt und mir zum Abendessen absagte, weil er seine Hosenträger nicht finden konnte. Die brauchte er, denn er hatte, so klagte er am Telefon, »auf Grund der grauenhaften ungarischen Küche« so viel abgenommen, daß ihm, wenn er die Hände in die Höhe hob, die Hose herunterfiel. So würde er es

vorziehen, den Abend einsam und allein in seinem Hotelzimmer zu verbringen. Ohne ihm etwas unterstellen zu wollen, nehme ich an, daß er bei dieser drastischen und mitleiderregenden Schilderung seiner Situation im stillen darauf hoffte, daß ihm jemand zu Hilfe eilen würde. Dieser Jemand war ich.

Irgendwo im Chaos seines Zimmers spürte ich schließlich seine Hosenträger auf, Helmut hatte sich eine Arbeit erspart, und wir konnten losmarschieren, um in einem Restaurant jenes Essen zu bestellen, das seinen dramatischen Gewichtsverlust verursacht hatte. Was uns dort als Gulyás vorgesetzt wurde, wäre in Österreich in einem drittklassigen Beisl bei zugedrückten beiden Augen gerade noch als Gulyássud durchgegangen. Und das im Ursprungsland!

Auch Kurt war, was das Essen betraf, ziemlich heikel, und so kehrten Helmut und er nach Beendigung der Dreharbeiten mit heftigen Magenschmerzen nach Wien zurück. Sie führten das darauf zurück, daß in Ungarn so viel mit Schweineschmalz gekocht wird. Nachdem sich jeder einer ärztlichen Untersuchung unterzogen hatte, lautete Helmuts Diagnose Zwölffingerdarm- und Kurts Magengeschwür. Sie hatten also noch einige Zeit mit diesen »Andenken« an die ungarischen Dreharbeiten zu kämpfen. Ich wage selbstverständlich nicht zu behaupten, daß das eine oder andere Glas Wodka »gegen die Kälte« das seinige dazu beigetragen hat.

Das falsche Gewicht ist ein sehr guter Film geworden. Wäre das nicht der Fall gewesen, hätte ich wahrscheinlich einen tagelang tobenden Kurt erlebt. Und Helmut hätte sicherlich nicht viel anders reagiert. Das Resultat zeigte jedoch, daß all die Strapazen wenigstens nicht für die Katz gewesen sind. Wie schnell werden dann unangenehme Erinnerungen vom Winde verweht ...

Vor kurzem war ich bei Gerhard Freunds Frau Traudl zu Besuch. Wir redeten über alte Zeiten, und da erzählte sie mir eine Geschichte im Zusammenhang mit dem *Falschen Gewicht*.

Der mitspielende Maler Gottfried Kumpf hatte nach Beendigung der Dreharbeiten ein wunderschönes Bild zu diesem Thema gemalt. Der Film wurde in München synchronisiert, und die Familie Freund wohnte, seitdem Gerhard eine deutsche Filmfirma leitete, in dieser Stadt.

Kumpf, der normalerweise in einem Bauernhaus im Burgenland lebt und arbeitet, fühlte sich in der Münchner Großstadthitze nicht sehr wohl und schlug an einem Sonntagvormittag den Freunds vor, ihn ins Schwimmbad zu begleiten. Man war von dieser Idee nicht sehr begeistert, denn es war zu erwarten, daß man an einem solchen Tag Menschenmassen im Bad vorfinden würde. Statt dessen lud man Kumpf zum Mittagessen auf Rindsrouladen ein. Da erzählte der Maler, daß ein deutscher Großindustrieller sein Bild »Das falsche Gewicht«, das Gerhard schon sehr bewundert hatte, kaufen wolle. Allerdings würde es ihm in

der Seele widerstreben, sein »Kind« ins Ausland zu geben, und er fragte Gerhard, ob er es nicht haben wolle. So würde das Bild wenigstens im Freundeskreis bleiben. Er nannte den Preis, aber Gerhard konnte es sich nicht leisten. Inzwischen war Kumpf bereits davon überzeugt worden, statt ins Bad lieber mit auf den Pferderennplatz zu kommen, weil das Gerhards große Leidenschaft war. Die Zeit war knapp, man mußte aufbrechen.
Als man dort ankam, war das erste Rennen tatsächlich schon ausgerufen. Gerhard lief noch schnell zur Kasse und setzte auf einen Außenseiter. Und der hat gewonnen. Das Geld, das er für diese spontane Wette erhielt, war merkwürdigerweise genau der Betrag, den Kumpf für sein Bild verlangt hatte. So konnte Gerhard es doch noch kaufen. Ein Außenseiter, der in einem bestimmten Moment zum Pegasus geworden ist, hat dafür gesorgt, daß »das Kind« – im wahrsten Sinne des Wortes – bei FREUNDen bleiben konnte.
An diesem Abend, an dem Traudl und ich zusammengesessen sind und von früher geredet haben, fiel ihr eben auch die Geschichte ein, wie sie zu jenem Bild gekommen ist, das immer noch in ihrem Wohnzimmer überm Schreibtisch hängt.

Dieses Kapitel brachte Details, Erinnerungssplitter aus einer Zeit, die – das wage ich zu behaupten – etwas ganz Besonderes war. Ich habe sie an der Seite von Kurt miterlebt.
Menschen wie Helmut sind nicht in einem Kapi-

tel abzuhandeln. Man weiß nicht genau, wann sie aufgetaucht sind, und man weiß auch nicht genau, wann sie weggingen. Nur dazwischen: da waren sie ganz und gar DA!
Tatsächlich hat sich Helmuts und Kurts Weg eines Tages – anfangs langsam und unmerklich – gegabelt und in verschiedene Richtungen fortgesetzt. So, wie sie sich irgendwann einmal an einer bestimmten Kreuzung getroffen haben. Und dazwischen haben sie eine wunderbare Strecke des gemeinsamen Arbeitens, Redens, Denkens, Lebens und Lachens zurückgelegt.

ERICH

Die Freundschaft mit Erich Neuberg war eine ganz besondere, tiefe, und sie fällt auch in jene Jahre, die Kurt mit Helmut beruflich und privat sehr intensiv durchlebte.
Erich war Oberspielleiter beim Österreichischen Rundfunk – erster Direktor war damals Gerhard Freund –, er war berühmt für die Leitung besonders guter Sportübertragungen, und nicht zuletzt führte er Regie bei vielen, vielen Fernsehspielen in einer Zeit, in der dieses Genre der Unterhaltung in Österreich noch in den Kinderschuhen steckte.
Kurt war von der allerersten Live-Übertragung eines Fernsehspiels an mit dabei. Er hatte Erich, der schon vor seiner ORF-Laufbahn Theaterinszenierungen gemacht hatte, einige Jahre zuvor als Regisseur von *Warten auf Godot* kennengelernt. Es war dies eine sehr schöne Zusammenarbeit, und so sollte es auch über all die folgenden Jahre hin bleiben. Erich holte Kurt wieder und wieder für seine zahlreichen Fernsehinszenierungen. Sein Verdienst war es auch, daß zeitgenössische Literatur für den Österreichischen Rundfunk verfilmt wurde. So spielte Kurt zum Beispiel

eine der Hauptrollen in der Auftragsproduktion *Der Himbeerpflücker* von Fritz Hochwälder. Sein Partner war, wie so oft, Helmut Qualtinger.
Erich ist es auch zu verdanken, daß ein später sehr bekanntgewordenes Werk vom Fernsehen produziert wurde: *Der Herr Karl* von Qualtinger und Carl Merz, bei dem er Regie führte. Dieser Monolog eines »typischen« Österreichers, der sämtliche politischen Strömungen durchlebt hat und schließlich in seiner seligen Gemütlichkeit für nix verantwortlich ist, dieses »authentische« Stück österreichischer Volksseele löste nach seiner Ausstrahlung einen Sturm der Entrüstung in unserem Lande aus.
Gerhard Freund, der mit dem Projekt sehr einverstanden war, stellte sich voll vor seinen Oberspielleiter Neuberg. Beide wurden, natürlich inklusive der Autoren Qualtinger/Merz, der Nestbeschmutzung bezichtigt, man forderte sogar Freunds Absetzung. Doch dieser Aufruhr hinderte den *Herrn Karl* nicht daran, über die Grenzen hinaus populär zu werden, und Helmut wurde dadurch ein international anerkannter Schauspieler. Auch in Österreich verwandelten sich die hohe Wellen schlagenden Gemüter bald wieder in stille Gewässer, und Helmut wurde zu guter Letzt ein Publikumsliebling. Wie das halt so ist bei uns.
Eine weitere Produktion, die Qualtinger und Merz fürs Fernsehen geschrieben haben und bei der Erich Regie führte, war *Alles gerettet.* Es ging darin um den Prozeß rund um den Ringtheater-

brand, und Neuberg schaffte es, sämtliche Schauspieler, die in Wien Rang und Namen hatten, vor der Kamera zu vereinen. So traten in größeren und kleineren Episoden Stars der Wiener Bühnen und des Films auf, wie zum Beispiel Attila und Paul Hörbiger, die meines Wissens zum ersten Mal gemeinsam in einem Fernsehspiel zu sehen waren. Die Handlung ist mit zwei Schauplätzen ausgekommen, die man im Studio aufgebaut hatte. Sie spielte im und vor dem Gerichtssaal, wo Kurt als Gerichtssaalkiebitz die diversen Aussagen und den Verhandlungsverlauf in typischer Wiener Adabei-Manier kommentierte. Das Stück, das auf den historischen Gerichtsprotokollen basiert und auf den ersten Blick vielleicht sehr dokumentarisch wirkt, erreichte durch die Leistung der Schauspieler eine solche Spannung und Intensität, wie sie ein guter Krimi nicht besser hätte vermitteln können.

Man arbeitete zu dieser Zeit beim Fernsehen unter einfachsten Bedingungen. Die Technik hatte bei weitem noch nicht den Stand von heute erreicht, und man mußte improvisieren. Neue junge Leute stießen dazu wie Michael Kehlmann, der, zusammen mit Erich, Ödön von Horváth fürs Fernsehen entdeckte und »Teddy« Podgorski, der auch ein Mann der ersten Stunde war und, mit Unterbrechungen, bis jetzt dem Österreichischen Rundfunk zur Verfügung gestanden ist, zuletzt als Fernsehdirektor. Wahrscheinlich entstanden durch die damalige technische Nicht-

Perfektion, die dadurch bedingte Notwendigkeit des Improvisierens und auf Grund des Fehlens großer finanzieller Mittel ein Zusammenhalt, eine Spontaneität und Frische, die in einem so unüberschaubaren, riesigen Apparat wie dem heutigen ORF sicherlich kaum noch herzustellen sind.

Eine der Meisterleistungen im Rahmen von Erich Neubergs Literatur-Verfilmungen fürs Fernsehen war Horváths *Geschichten aus dem Wiener Wald.* Auch bei dieser Produktion kam man mit einem geringen Aufwand an Ausstattung aus, man blieb im Studio in der Maxingstraße und verzichtete – weil es ja gar nicht anders möglich war – auf Außenaufnahmen. Erich ließ durch nur drei Sträucher zum Beispiel das Donauufer andeuten, da er wußte, daß ihm seine Schauspieler Jane Tilden, Helmut Qualtinger, Walter Kohut, Johanna Matz und Hans Moser die ganze Lobau dazuspielen würden. Und das taten sie, weiß Gott. Keine andere Landschaft wäre interessanter gewesen als die ihrer Gesichter.

Den geringen technischen Mitteln standen eben große künstlerische gegenüber. Heute hat man manchmal das Gefühl, daß gerade das Gegenteil der Fall ist.

Erichs besondere Gabe war es, für eine Rolle genau den richtigen Schauspieler zu finden. Er verstand es wunderbar, die Eigenheiten seiner Darsteller einfließen zu lassen in eine Figur, und so wurde unter seiner Regie nicht selten aus dem kürzesten Auftritt ein kleines Kabinettstück. Unter solchen Voraussetzungen waren Kurt und viele andere Schauspieler gerne bereit, in einer Neuberg-Inszenierung auch kleine und kleinste Rollen mit nur einem Drehtag anzunehmen, weil sie wußten, daß das keine Degradierung seinerseits war, sondern nur der Wunsch, die Leute, mit denen er gerne arbeitete und die er über alles schätzte, immer wieder beisammen zu haben. Man konnte sicher sein, daß man dadurch bei ihm keineswegs als Kleindarsteller abgestempelt war, sondern bei der nächsten Gelegenheit, wenn man vom Typ her paßte, sofort in einer großen Rolle eingesetzt wurde.

Kurt schätzte es sehr, daß er mit Erich künstlerisch absolut auf einer Linie war. Niemals war es nötig, über Auffassungen zu diskutieren. Er wußte, daß Erich ihm als Schauspieler größtes Vertrauen entgegenbrachte, und er hatte deshalb vor der Kamera viel Freiraum für eigene Ideen. Erich liebte seine Schauspieler und ließ die Phantasie blühen.

Aus der guten beruflichen Zusammenarbeit entwickelte sich bald eine intensive Freundschaft zwischen Erich und Kurt. Wir verbrachten Abende und Urlaube zusammen mit ihm und seiner Frau Helga, man traf sich zur Festspielzeit im Sommer in Salzburg, man nahm Anteil an der Arbeit des anderen, auch wenn man in diversen Produktionen nichts gemeinsam zu tun hatte.

So wurden Kurt und ich nahe Zeugen von Erichs

Schicksal. Er war kein gesunder Mensch, litt unter Selbstzweifel und Depressionen. Wie oft bleiben nach dem Tod eines Menschen, der in der Öffentlichkeit gestanden hat, eine Unzahl Anekdoten aus seinem Privatleben übrig, wie oft verschwinden Ängste, Zweifel und seelische Tiefs mit den Jahren aus der Erinnerung an einen Künstler, und vielleicht ist das auch richtig so. Doch in unserem Fall war Erich in erster Linie ein Freund, dessen schwerwiegende psychische Probleme in seinen letzten Jahren wir nie mehr vergessen haben. Durch das viele Beisammensein lebte man sein Leben beinahe mit. Mit ihm gab es nicht solche komischen Geschichten wie die, die wir mit Helmut erlebten.

Ich kann mich zum Beispiel daran erinnern, daß wir in einem der gemeinsamen Urlaube mit Erich am Strand in Italien saßen. Ich war gerade im sechsten Monat schwanger, und wir überlegten einen Namen für dich. Dabei kamen wir schließlich auf »Dunja«. Er freute sich sehr auf deine Geburt und wollte auch einmal ein Kind haben. Ich weiß, daß er sehr gern gelacht hat. Einmal wollte er Kurt dazu anstiften, eine ferngesteuerte Haifischflosse zu konstruieren, weil wir den Strand dann ganz für uns alleine haben könnten; darauf hat sich Kurt, aus Angst vor dem Hotel- und Badeplatzbesitzer, dann lieber doch nicht eingelassen. Ich kann mich erinnern, daß Erich, der »Herr Oberspielleiter«, manchmal zum Kind werden konnte und in seiner Mittagszeit von seinem Büro im 1. Bezirk schnell in den Prater fuhr, um mit ein paar Buben eine Runde Flipper zu spielen.

Ich weiß, daß er ein ganz besonderer Künstler und Mensch war. Mit Hochs und Tiefs, wie ich sie so gut von Kurt kannte. Allerdings haben bei Erich im Lauf der Zeit die Tiefs die Hochs »überragt«.

Seine letzte Inszenierung war das Fernsehspiel *Die Hinrichtung* von Merz/Qualtinger, das in München aufgezeichnet wurde. Kurt spielte in dieser makabren Geschichte einen Mann, der sich für eine hohe Geldsumme öffentlich hinrichten läßt. Helmut war der Scharfrichter. Zu diesem Zeitpunkt war Erich bereits sehr krank, aber man brachte mit gemeinsamer Anstrengung die Produktion über die Runden.

Erich blieb weiterhin Oberspielleiter beim Österreichischen Rundfunk, und als er uns bald darauf von seinen Plänen für eine neue Inszenierung – einen Schnitzler – erzählte, dachten wir, er sei wieder auf dem Wege der Besserung.

Doch dann zog es Kurt eines Tages zum Ronacher hin, wo sich damals die Büros des Fernsehens befanden. Er hatte dort eigentlich gar nichts zu tun, weder Proben noch eine Aufzeichnung, und so setzte er sich in das Kaffeehaus vis-à-vis, wo man, wenn man im Ronacher grad Pause gehabt hat, zusammengekommen ist.

Plötzlich kam ein Mitarbeiter vom Fernsehen herüber in das Lokal, sah Kurt an einem der Ti-

sche, ging auf ihn zu und sagte nur vollkommen geschockt: »Der Neuberg is tot!«
Erich hatte eine Programmsitzung verlassen mit den Worten: »I kumm glei ...« Er ist nicht mehr gekommen. Er hat sich am Dachboden vom Ronacher erhängt. Es war der 10. Januar 1967.
Wir hatten uns von seiner beginnenden Euphorie täuschen lassen.
Er wollte nicht mehr. Schon lange nicht.
Noch am selben Abend trafen sich die Freunde im »Falstaff« gegenüber der Volksoper, und Kurt sagte in seiner typischen Weise in seine eigene Trauer und die der anderen hinein: »... jetzt müßn ma halt a bißl enger z'sammruckn ...«
Heute ist kaum noch jemand von den Freunden, die sich an diesem Abend trafen, am Leben. Erich war der erste, der einen unendlich leeren Platz hinterließ.
Ich sehe ihn noch vor mir, wie er sich über den kleinsten Witz so »zerkugeln« konnte vor Lachen, daß er fast vom Sessel gefallen ist. Und trotzdem – es liegt eben alles sehr nah beinand ...

Es war mir ein sehr großes Bedürfnis, hier in Bruchstücken ein bißchen über Erich Neuberg zu erzählen, auch wenn dies ein Buch über Kurt ist. Nein. Gerade weil dies ein Buch über Kurt ist.

FRITZ

Kurt und Fritz Muliar kannten sich schon sehr lange, als wir einander begegnet sind. Fritz war gleichzeitig mit Kurt am Volkstheater engagiert. Die wesentlichen Wechsel in andere Theater vollzogen die beiden jedesmal zur gleichen Zeit. 1964 gingen sie vom Volkstheater an die Josefstadt, und in der Saison 1974/75 wechselten sie von dort aus gemeinsam ans Burgtheater.

Am Volkstheater spielten sie einige Stücke zusammen, darunter in den Außenbezirken Karl Wittlingers Zweipersonenstück *Kennen Sie die Milchstraße?* und *Das Protektionskind* von Gustav Davis unter der Regie von Erich Neuberg. Hier hat sich schon herauskristallisiert, daß sich die beiden in komischen Rollen wunderbar ergänzten. In der Josefstadt setzte sich diese »Tradition« fort, dort waren sie einige Male Partner in Stücken von Johann Nestroy, so in *Die beiden Nachtwandler* und in *Zu ebener Erde und erster Stock*; beide Male führte Leopold Lindtberg Regie.

Fürs Fernsehen drehten sie zusammen mit Helmut Qualtinger Max Frischs *Biedermann und die Brandstifter* und standen vor allem auch in der Fernsehserie *Die Abenteuer des braven Soldaten*

Christus vor Politikern und Volk,
wenn er heute wiederkommen würde, Öl 1979

Schwejk nach Jaroslav Hašek gemeinsam vor der Kamera. Fritz spielte die Titelrolle, und Kurt war der Feldkurat Katz. Dieser Geistliche war laut Drehbuch eine sehr zwielichtige Figur, ein ständig betrunkener Spieler, der über seinem Bett das Bild einer nackten Frau hängen hatte. Mit einem Wort war Kurt in dieser Rolle alles andere als ein ehrfürchtiger Gottesmann.
Für Fritz war der Schwejk ein Riesenerfolg, doch für Kurt hagelte es wegen seiner Darstellung des

Katz sofort nach der Ausstrahlung böse Briefe und nächtliche Anrufe. Man fühlte sich als Christ beleidigt, sah darin die Verhöhnung des Geistlichen schlechthin. Kurt verstand die Aufregung nicht. Als Schauspieler versucht man natürlich eine Figur so glaubhaft, so echt, so vielschichtig wie möglich darzustellen. Man muß dem Zuseher in erster Linie einen Menschen näherbringen, der nicht *nur* gut oder *nur* schlecht ist. Denn sonst wäre er kein Mensch. Und so verlieh Kurt dem Katz auch durchaus sympathische Züge. In seinen Augen war diese Figur vom Dichter und entsprechend im Drehbuch so angelegt, daß sie neben ihrem Dasein als »Schande der Kirche« und all ihren negativen Seiten in ihrem Innersten ein verzweifelter, zerrissener Mensch ist. Ein Mann Gottes, der Feldpredigten halten und Waffen segnen muß. Kurt meinte, daß einer, der diese Widersprüchlichkeit nur in betrunkenem Zustand ertragen kann, nicht unbedingt zu den schlechtesten gehören muß.
Ein zweites Mal war Kurt das Ziel öffentlicher Empörung, als er die Solo-Sprechplatte »Der Jesus und seine Hawara« herausbrachte. Abermals ein Fauxpas in Sachen Religion. Wolfgang Teuschl, der später viele Texte für Kurts Chansons geschrieben hat, war der Autor dieses »Neuen Testamentes auf wienerisch«. Die Platte wirbelte damals viel Staub auf, wieder bekamen wir Post von aufgebrachten Gläubigen. Doch Kurt hatte sich sein Leben lang viel zu sehr mit Jesus Chri-

-20 Mit Dunja im selbstgebauten Holz-
uschen am Donau-Oder-Kanal; mit Dunja
d Rolfi 2; mit Heinrich Schweiger bei einer
ödelei in einem Weinviertler Weinkeller

Mit Fritz Muliar am Donau-Oder-Kanal
tomontage)

22 Zweimal Shakespeare am Wiener Volksthe- ter: Als einfältige Gerichtsdiener Schlehwein in »V Lärm um nichts« 1962,…

24 Gegenüberlie gende Seite: Mit der selbstgebauten Mini-Gei als Onkel Gustav der musikalische Komödie »Feuerwerk« von Erik Charell, Jürg Am stein und Paul Burkhard, Volkstheater, Wien, 19

23 …und als Th sites in »Troilus und Cressida«, 1

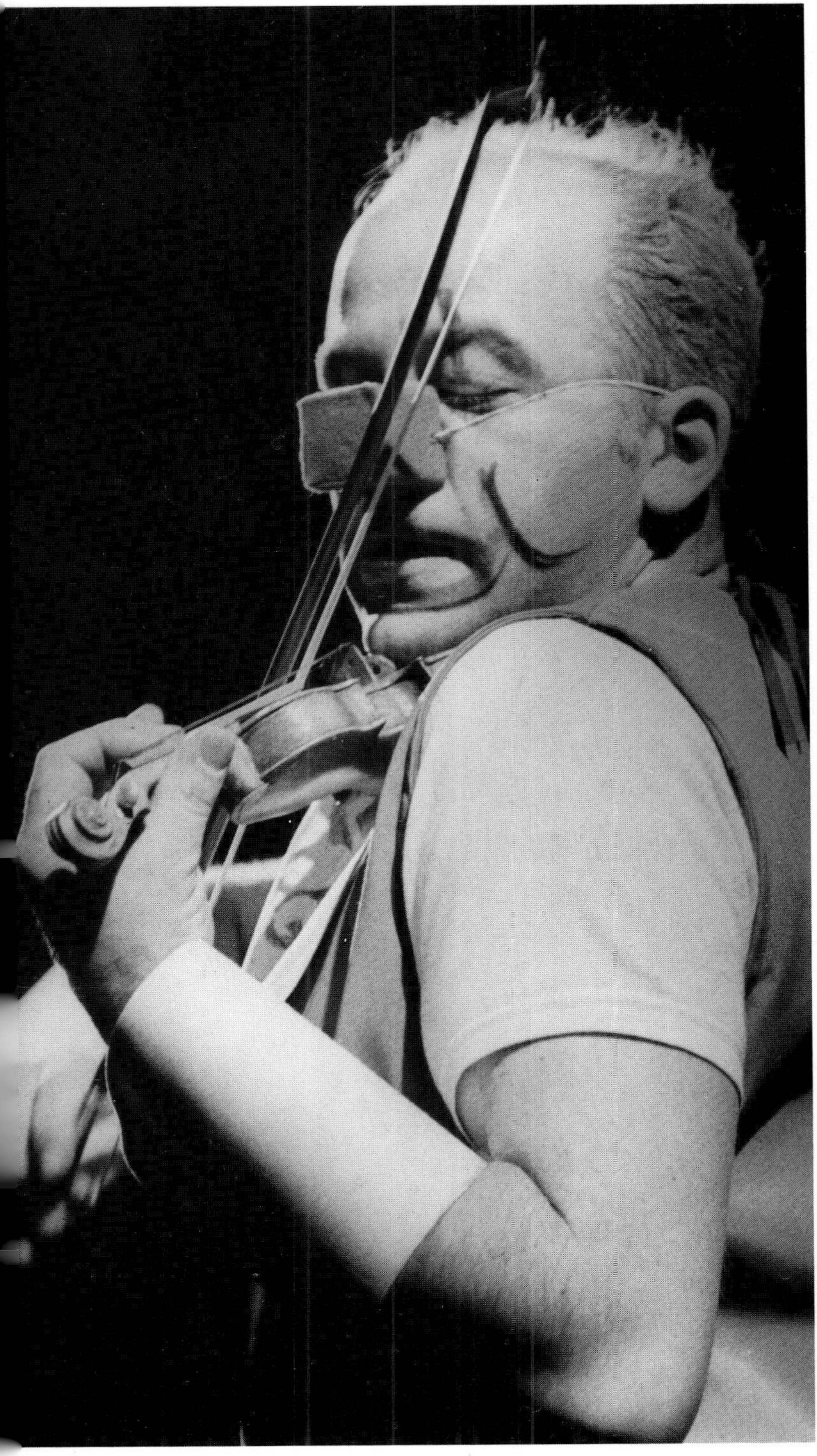

25/26 Als Estrag
in Rolf Hädrichs
Fernsehfilm nac
Samuel Becketts
»Warten auf Go-
dot«, 1963, unten
mit Heinz Reinck
als Wladimir

27 Gegenüberli
gende Seite:
Als Eisenring mi
Helmut Qualting
als Josef Schmitz
Hellmuth Matia-
seks Fernsehspie
»Biedermann un
die Brandstifter«
nach dem Thea-
terstück von Ma
Frisch

28–31 Gegenüberliegende Seite
:.l.n.r.u.): Mit Dunja im Schwimmbad;
ammerschauspieler Prof. Günther Haenel
seinem 92. Lebensjahr; Schallplattenauf-
ıhmen 1964: »Moritaten – Das Morden höret
mmer auf«, unten mit Helmut Qualtinger

: Rechts: Als Friseur in »Häuptling Abend-
ind« von Johann Nestroy, Volkstheater,
'ien 1963

ı/34 Zwei Szenen als Zwirn in Nestroys
ıumpazivagabundus« mit Helmut Qualtin-
ɪr und Rudolf Rosner, Theater in der Josef-
ıdt, Wien 1964

35 In Michael Kehlmanns Fernsehfilm »3. November 1918« nach dem Theaterstück von Franz Theodor Csokor, 1964

36 Als Strick in »Die beiden Nachtwandler« von Johann Nestroy, Theater in der Josefstadt, Wien 1973

37 Als Narr in Shakespeares »Was ihr wollt« mit Gertraud Jesserer, Volker Brandt und Peter Vogel, Theater in der Josefstadt, Wien 1968

stus auseinandergesetzt, als daß er ihn hätte verhöhnen wollen. Für ihn war Christus ein Mensch, der neben all seiner Größe auch Humor gehabt haben muß, an dem es seinen Verehrern leider oft mangelt. Kurt sah im Text dieser Platte eine Möglichkeit, die Geschichte Jesu aus einer anderen Perspektive zu betrachten, eben Variationen auf ein großes Thema. Seine Devise war immer, Neues zu probieren, nicht stehenzubleiben, sich nicht zufriedenzugeben. Deshalb konnte er das sture Verharren in ewig gleichen, althergebrachten Formen nicht leiden. Was die Religion betraf, sagte er immer: »Der Chef ist in Ordnung, nur beim Bodenpersonal hapert's a bißl.«
All jene, die sich durch seine Darstellung des besoffenen Geistlichen und seine Version des »Proleten-Jesus« auf den Schlips getreten fühlten, kannten seine vielen, vielen Christus-Bilder nicht, die er über die Jahre hinweg gemalt und gezeichnet hat. Sie kennen dieses Gesicht nicht, das einen manchmal von einem kleinen, irgendwo heruntergerissenen Stückl Papier aus anschaut. Sie wußten nicht, wie sehr ihn dieser weise, gütige, liebende, leidende Mensch beschäftigt hat und was er sich für Gedanken gemacht hat über die Art und Weise, wie die Menschen mit dem überirdisch großen Wissen, das dieser Mann ihnen hinterlassen hat, umgehen. Und etwas von diesem menschlichen Unvermögen ist dann natürlich in einer Figur wie dem Katz drinnen gewesen.

Der brave Soldat Schwejk war schuld an meiner Abschweifung zu Kurts Beziehung zur Religion, kehren wir jetzt also wieder zu Fritz Muliar zurück.

Am Burgtheater spielten die beiden nur noch ganz selten zusammen. Es ergab sich so, Fritz war unter anderem weiter sehr oft in Nestroy-Aufführungen eingesetzt, während Kurt in sechzehn Jahren nur in einer einzigen Nestroy-Inszenierung zu sehen war. Und so standen sie in dieser ganzen Zeit meines Wissens nur zweimal gemeinsam auf der Bühne. Das war in *Das Alte Land* von Klaus Pohl unter der Regie von Achim Benning und in Dürrenmatts *Die Physiker.*

Die Freundschaft zu Fritz und dessen Frau Franziska Kalmar, die zu den ersten Fernsehsprecherinnen des Österreichischen Rundfunks gehörte, brachte es mit sich, daß wir oft in ihrem kleinen Haus am Donau-Oder-Kanal bei Groß-Enzersdorf eingeladen waren. Es dauerte nicht lange, bis wir uns dort im Marchfeld einen eigenen Grund am Wasser gekauft haben, wo wir uns auch ein Wochenendhaus aus Holz hinbauten. Und das sollte der Ort werden, an dem wir viele, viele schöne Sommer zusammen verbrachten.

Jede der links und rechts des Kanals angelegten Parzellen hatte einen eigenen Badesteg, und angeregt durch die Nähe des Wassers begann Kurt sich mit dem Bau von Modellbooten zu beschäftigen. Er fand sogar in diesem kleinen Haus genügend Platz, eine eigene Werkstatt einzurichten,

und dorthin ist er oft stundenlang verschwunden, um zu basteln.
Eines Tages kam er mit einem Schiffchen daher, das nicht nur vor, zurück, links und rechts fahren konnte, sondern bei dem man auch durch einen ferngesteuerten Impuls ein Tonband in Gang setzen konnte. Und so kreuzte es an heißen Tagen im Donau-Oder-Kanal zwischen den Badenden hin und her, mit dem gelegentlich aus seinem Innern ertönenden Aufruf: »Achtung, Achtung, hier spricht der Captain! Ins Wasser scheißen ist verboten! Ende.« Worauf sich das Schiffchen schleunigst davonmachte.
Auch Fritz blieb von dem frechen Mundwerk des Captains nicht verschont. Das Boot hielt genau vor seinem Steg, der ein paar Parzellen von unserem entfernt lag, und es ertönte die schlichte Durchsage: »Fritz Muliar ist ein Trottel. Ende.«
Solche Spielereien gehörten auch zu Kurts Freizeitbeschäftigung. Er konnte in diesen Dingen versinken wie ein Kind, das beim Spielen alles rund um sich vergißt. Dadurch war es ihm – im Gegensatz zu vielen seiner Kollegen – gegeben, das Theater in diesen Stunden ganz und gar aus seinem Kopf zu verbannen und zu vergessen.
Sein nächstes Experiment auf diesem Gebiet war etwas aufwendiger. Es war ein ferngesteuerter Schwan, den er selbst aus Holz und Styropor kunstvoll anfertigte und mit echten Federn beklebte. Das Tier, dem ein umgebautes Boot unsichtbar als Unterbau diente, konnte sogar den

Kopf bewegen. Dieser Schwan war so täuschend echt, daß der Vater der Schwanenfamilie, die am Donau-Oder-Kanal zu Hause war, den vermeintlichen Eindringling bei einem seiner ersten Ausflüge mit geblähtem Hals attackierte und Kurt alle Hände voll zu tun hatte, seine Erfindung bei höchster Geschwindigkeitsstufe in Sicherheit zu bringen.
Diese harmlose Schwan-Variante hat ihren Ursprung wahrscheinlich in Erich Neubergs Idee von der ferngesteuerten Haifischflosse, die Kurt für Italien basteln sollte, um die Badeurlauber zu vertreiben. Doch auch der Schwan schaffte es spielend, einige schwimmende Leute im Donau-Oder-Kanal vom Brustschwimmen ins Kraulen übergehen zu lassen, als er in aller Ruhe ein paar Meter hinter ihnen »hergesegelt« ist.
In diesen Tagen, wo man in der kleinen Badehütte aus Holz lebte, vor der die Birke stand – die dein Baum war, so alt wie du –, damals noch zart und klein, begann Kurt, nachdem er die Modellboote und den Schwan gebaut hatte, um *auf* dem Wasser zu schwimmen, sich mit dem Element Wasser selbst zu beschäftigen. Denn er hatte in allen Dingen die starke Veranlagung, ins Detail zu gehen: er baute winzige Dampfmaschinen, die kleine *Feuerwerk*-Geige, und in der Malerei befaßte er sich später mit der ganz feinen, aufwendigen Technik der alten Meister, was die Einzelheiten und den Aufbau eines Bildes betraf. Dazu kam natürlich noch seine Freude am Umgang mit techni-

schen Geräten. Und so begann er damit, Wassertropfen aus dem Donau-Oder-Kanal unter dem Mikroskop zu untersuchen. Gebannt betrachtete er stundenlang das vielfältige Leben, die Welt für sich, die sich in dieser winzigen Wassermenge vor seinen Augen auftat. Pantoffeltierchen, Rädertierchen, Fadenalgen etc. All das Leben, das einem mit bloßem Auge verborgen bleibt, an dem man vorbeigeht, ohne es wahrzunehmen, und das doch existiert in den Milliarden Wassertropfen, die einen See ausmachen. Davon inspiriert, malte er ein Ölbild. Es zeigt, beinahe die gesamte große Leinwand füllend, einen Wassertropfen mit all diesem Leben in sich, das man Mikrokosmos nennt. Der Tropfen ist kreisrund, und die Sonne spiegelt sich darauf. Wenn man etwas davon entfernt steht, könnte man glauben, es sei ein Bild der Erde, denn die vorherrschenden Farben sind die eines Globus. Und rund um den Wassertropfen sind Wolken, Himmel, Universum.

– – – Es war eine schöne Kinderzeit dort am Donau-Oder-Kanal. Zusammen mit Fritz' Söhnen Xandi und Martin verbrachten wir halbe Sommer im Wasser, oder wir sind auf den Feldern herumgelaufen, immer in Begleitung »meines« ersten Hundes Rolfi, der uns nicht aus den Augen ließ, außer wenn er gerade einen Hasen jagte.
Es war halt alles noch ein bißl wilder als heute und nicht so streng. Mit dem Papa waren wir auch oft draußen auf den Stoppelfeldern, um seine

Flugzeuge, die er aus Balserholz gebastelt hatte, fliegen zu lassen. »Hochstart«, erklärte er uns, »ist die richtige Bezeichnung dafür«, und wir Kinder nahmen diesen Ausdruck in unseren Wortschatz auf, wie »abschießen« und »fangerln«. Für uns war's ein sehr interessantes Spiel, bei dem wir gern dabei waren. Und der Papa spielte mit derselben Begeisterung wie wir. Beim Hochstart wird also in einen Haken am Flieger eine lange Schnur eingehängt, die jemand in die Hand nehmen und mit der er loslaufen muß. Wenn das Flugzeug, auf diese Art in die Luft gezogen, hoch genug gestiegen ist, öffnet sich der Haken, die Schnur fällt herunter, und es fliegt. Gelaufen bin ich nie – ich war noch zu klein und zu langsam –, das haben meistens Martin oder Xandi getan, ich bin dann immer nur losmarschiert und habe den Flieger, der ja irgendwo wieder heruntergekommen ist, gesucht und zurückgebracht.
Gut kann ich mich noch an die Einweihung eines besonders schönen Fliegers erinnern, auf den Papa sehr stolz gewesen ist: Einer der Buben lief wieder los, die Schnur spannte sich, fiel herunter, und der Flieger stieg und stieg und flog und flog. Er wurde für unsere Augen immer kleiner und ist schließlich irgendwo über den Bäumen der Lobau verschwunden. Papa war sehr traurig darüber, sein schönes Flugzeug verloren zu haben, für das er soviel Zeit und Arbeit aufgebracht hatte. Doch als er merkte, daß auch wir ganz deprimiert dreinschauten, begann er uns zu schildern, wie es

immer weiter und weiter segelt über den Himmel und nie mehr herunterkommt ... An diese Geschichte erinnere ich mich am liebsten, wenn ich an den Donau-Oder-Kanal zurückdenke. Und dann möcht' ich glauben, daß Papas Flieger noch immer über den Wolken dahinschwebt. – – –

Im Jahre 1974 haben wir uns vom Donau-Oder-Kanal nach einer langen schönen Zeit verabschiedet. Nicht, weil es uns dort nicht mehr gefallen hätte, sondern weil wir nach einem Haus auf dem Land Ausschau hielten, in dem man sich auch während der kalten Monate des Jahres aufhalten konnte. Wir haben es schließlich auch gefunden. Im Weinviertel.

Die Abstände, in denen wir mit den Muliars zusammen waren, vergrößerten sich dadurch, daß wir unsere Ferien nicht mehr am selben Ort verbrachten. Doch die Beziehung zwischen Fritz und Kurt riß nie völlig ab, obwohl sie auch beruflich nur noch wenig miteinander zu tun hatten.

Aber als Kurt zum letzten Mal vor einer Kamera gestanden ist – in einem Film von Franz Antel –, waren die beiden als Partner wieder vereint.

JOSEFSTADT

Im Jahre 1964 wurde Kurt ans Theater in der Josefstadt engagiert, wo er ja bereits in den Jahren von 1946 bis 1950 fixes Ensemblemitglied gewesen war. Er begegnete einigen Kollegen aus dieser Zeit wieder, lernte viele neue kennen.

An diesem Haus hatte er auch die Gelegenheit, mit einem seiner größten Vorbilder auf der Bühne zu stehen: Leopold Rudolf. Kurt verehrte ihn als Schauspieler genauso wie als Mensch. Leopold Rudolf nahm sich immer ganz besonders der jungen Schauspieler an, und Kurt kam schon während seiner ersten Periode an der Josefstadt in diesen Genuß. Rudolf half einem, wenn man Schwierigkeiten mit einer Rolle hatte, er konnte gewisse Passagen oder auch nur einen Satz in -zig Variationen vorspielen, alles so großartig, daß man gar nicht wußte, welche Version man nun für seine Figur verwenden sollte.

Er war privat ein ganz zurückgezogener, stiller Mensch, der nie viel Wind um seine Person gemacht hat. Ein grandioser Menschendarsteller in aller Bescheidenheit. Sein Professor Bernhardi in der Fernsehaufzeichnung von Erich Neuberg ist meiner Meinung nach bisher unerreicht.

Kurt stand mit großer Freude in diesen Jahren an der Josefstadt des öfteren mit »Poldo« Rudolf, wie er genannt wurde, zusammen auf der Bühne. Eine Geschichte erzählte er immer sehr gerne: Als Poldo den »Kari« Bühl im *Schwierigen* spielte, hatte der ohnehin schon sehr schlanke Mann während der Probenzeit noch abgenommen, so daß seine zu weite Frackhose in die Schneiderei gebracht werden sollte, um enger gemacht zu werden. Rudolf war jedoch der Meinung, daß man sich diese Arbeit sparen könnte, und sagte schlicht: »Aber Kinder, das sind doch nur Äußerlichkeiten!« Er suchte sich irgendwo ein Stückl Strick und band seine Hose damit zusammen. So spielte er auch die Premiere. Und er war ein grandioser, äußerst eleganter Kari Bühl. Mit einer simplen Schnur um die Taille, um die Hose zu halten.

Diese Episode prägte sich Kurt besonders ein, weil ihm Leopold Rudolfs Gabe, das Wesentliche – und eben auch das Unwesentliche – des Berufes zu kennen, so imponierte.

Einmal wurde er von Poldo beobachtet – ich glaube, das war in seinem ersten Josefstadt-Engagement –, als er vor der Vorstellung durchs »Guckerl« im Vorhang in den Zuschauerraum schaute. Rudolf nahm seinen jungen Kollegen beiseite und sagte: »Werd dir nie zu sicher. Glaub ja nicht, daß die da unten dich alle lieben!«

Kurt hat sich diesen Satz, der im ersten Moment so negativ klingt, sehr zu Herzen genommen. Er hat meines Wissens später nie wieder in den Zuschauerraum geschaut, auch nicht beim Verbeugen, da fixierte er einen imaginären Punkt über den Köpfen.

Aber was Leopold Rudolf, glaube ich, vor allem meinte, ist, daß das Gefühl, geliebt zu werden, sehr leicht auch das Gefühl der Sicherheit verschafft. Und allzu große Sicherheit, allzu großes Überzeugtsein von seinem Können als Schauspieler ist der Tod jeder Menschendarstellung. Kurt meinte einmal, als ich nach einem Theatererfolg zu ihm sagte, er solle seiner Leistung nicht jedesmal wieder so skeptisch, ja negativ gegenüberstehen: »Wenn i das erste Mal glaub, daß i guat bin, hör i auf. Weil dann stimmt's nimmer.«

Als er 1970 zum letzten Mal in Salzburg *Warten auf Godot* gespielt hat, schrieb er auf die erste Seite seines Textbuches: *»nicht für Zuschauer spielen.«* Das klingt arrogant, ist es aber nicht. Schauspielern wie ihm und Rudolf ging es in erster Linie darum, sich in den Dienst eines Autors, eines Stückes, einer Figur zu stellen. Und indirekt dadurch natürlich auch in den des Publikums.

Weitere Kollegen, mit denen er oft zusammen gearbeitet hat, waren Alfred Böhm, natürlich Fritz Muliar sowie Ernst Waldbrunn und Klaus Maria Brandauer. Brandauer kam als junger Schauspieler an die Josefstadt, und Kurt hat sich bald mit ihm angefreundet. Er spielte in Brandauers erster Inszenierung – es war Shakespeares *Wie es euch gefällt* – den Narren Probstein. Brandauer hat

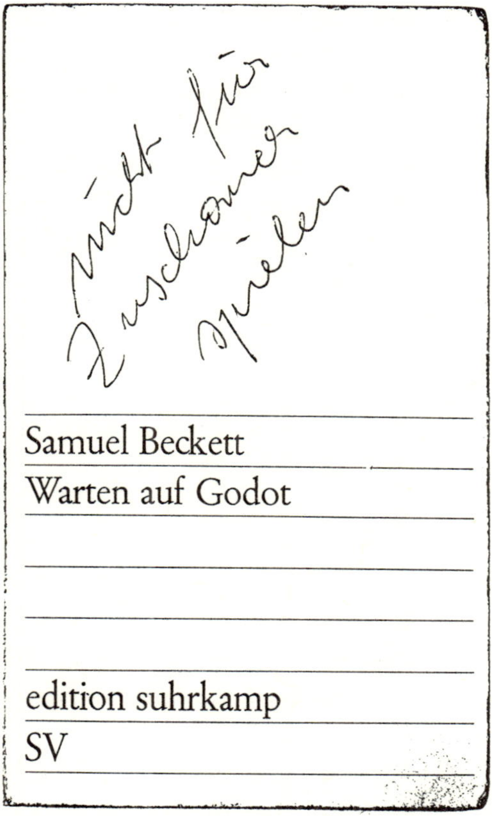

Ermahnung an sich selbst

Kurt in dessen Garderobe oft vor der Vorstellung den Text abgehört.

Jene Garderobe hat eine eigene Geschichte. Doch diese Geschichte werde nicht ich erzählen, es wäre nur ein Bericht aus zweiter Hand. Denn ich habe nie eine Garderobe von Kurt betreten, ich hatte immer das Gefühl, daß dies ein Ort ist,

von dem das Privatleben ausgeschlossen ist. Obwohl ich zu Hause all seine Rollen mit ihm zusammen gearbeitet habe, war das seine eigene Welt, in die ich nie eindringen wollte.
Deshalb wird uns jetzt ein sehr, sehr guter Freund – von Josefstädter Tagen an bis zur allerletzten Stunde – zur Seite stehen und sich erinnern an diese Zeit, an diesen Raum und darüber hinaus: Heinz Marecek.

Alles begann in der »18er«

Für Inge und Dunja

Er tat nichts, weil man es eben tut, er aß nichts, weil man es eben ißt, er sagte nichts, weil man es eben sagt, er trug nichts, weil man es eben trägt – und er benützte auch keine Garderobe, weil eben da zufällig eine Garderobe war, sondern er erfand seine eigene.
Ein ehemaliges Kostümkammerl, ein schmaler, fensterloser Raum, etwas abseits von den übrigen Garderoben, hatte es ihm angetan, dort und nirgends anders wollte er sich umziehen, sich für die Vorstellung vorbereiten und nach der Vorstellung in Ruhe »ausdampfen«. Allein, ungestört. Und so wurde aus einer Abstellkammer die »18er« – die Garderobe von Kurt Sowinetz.
Ich war vielleicht zwei Jahre Mitglied der Josefstadt, hatte keine Stammgarderobe, sondern »wohnte« einfach dort, wo Platz war. Da über-

nahm ich für Alfred Böhm den Kilian Blau in Nestroys *Der Färber und sein Zwillingsbruder* – die erste Zusammenarbeit mit Kurt am Theater. Wir waren uns wohl schon einige Male begegnet, spielten kurz vorher im Fernsehen miteinander Ostrowskijs *Der Wald* – Kurt war Arkadius, genannt der Glückliche, und ich Pjotr – und hatten in der Kantine des wunderbaren Rosenhügel-Studios, das wirklich noch menschliche Dimensionen besaß, wo die Äste der Kastanienbäume in die Garderobenfenster ragten, gemeinsam mit Cornelia Froboess, Wolfgang Glück, Georg Bucher, Günther Haenel und Otto Schenk in den Drehpausen die ersten, fast scheuen Kontakte.
Und nun standen wir nebeneinander auf der Bühne. Das Stück war schon ungefähr fünfzigmal mit Böhm gespielt worden, und nun sollte ich in wenigen Tagen diese große und schwierige Rolle übernehmen. Regie führte Heinrich Schnitzler, ein Mann, der nicht gerade vor Humor platzte und sich außerdem in den Kopf gesetzt hatte, ich müßte die Rolle als exakte Kopie von Böhm spielen.
Das ging natürlich nicht, und Schnitzler wurde immer nervöser und ich immer trauriger. Außerdem war ich völlig verunsichert und wußte nicht, was ich jetzt tatsächlich spielen sollte. Kurt griff in diese Fast-Auseinandersetzungen zwar nicht direkt ein, kam aber immer nachher zu mir, beruhigte mich und sagte: »Spielen Sie es so, wie Sie es bei der ersten Probe gespielt haben, das war

sehr gut.« Gelegentlich versuchte er auch einen aufkeimenden Streit mit einer scherzhaften Bemerkung zu bagatellisieren, und wenn Schnitzler darauf unwirsch reagierte, war Kurts lapidare Reaktion: »Völlig richtig, nur ja keinen Humor aufkommen lassen.«

Kurt hatte sich für die Rolle des Peter, eines intriganten Dieners, einen sehr komischen Sprachfehler zugelegt: alle »Rs« klangen wie »Ws«, aus »rund« wurde »wund«, »richtig« wurde »wichtig« usw. Ich fand das wirklich saukomisch und lachte natürlich bei den Proben; in so einem Fall unterbrach Kurt kurz und flüsterte mir zu: »Nicht lachen, sonst schimpft der Herr Lehrer.« Ich hatte also einen Verbündeten!

Während der letzten Umbesetzungsprobe fragte mich Kurt: »In welcher Garderobe sind Sie eigentlich?«

»Keine Ahnung, ich schau einfach, in welcher mein Kostüm hängt.«

»Also, meine hat zwar keine Fenster, aber wenn Ihnen das nichts ausmacht, sind Sie dort herzlich willkommen. Aber natürlich, wenn Sie lieber allein sein wollen ...«

»Nein, nein, wenn ich Sie nicht störe ...«

»*Sie* stören mich nicht. Also, dann bis morgen.«

Mit stolzgeschwellter Brust verließ ich an diesem Tag das Theater: »Der Sowinetz hat mich in seine Garderobe eingeladen!« Natürlich ahnte ich, daß das ein großes Kompliment war. Wie groß es tatsächlich war, merkte ich aber erst, als ich ihn

näher kennenlernte und sah, wie ungeheuer behutsam und konsequent dieser Mann seine Privatsphäre schützte.
Um ihn zum Beispiel in ein öffentliches Verkehrsmittel zu bringen, hätte es eines Narkosegewehrs bedurft. Das war nicht Arroganz, sondern das blanke Entsetzen vor irgendwelchen schulterklopfenden Annäherungsversuchen.

Der erste gemeinsame Abend in der 18er: Ich kam in die Garderobe, Kurt war bereits da, vor ihm eine Flasche Rotwein mit zwei Gläsern und – Vertreter der Feuerpolizei mögen gnädig die nächsten Zeilen überspringen – eine offene Zigarettenschachtel, aus der eine halb herausgezogene Zigarette wie eine Kompaßnadel auf »meinen« Platz zeigte. Mit einem fast normalen: »Bitte sehr ...« deutete er auf die Zigarettenschachtel, schenkte die beiden Gläser voll, stieß mit mir an und sagte: »Servus«.
Dieses »Servus« war der Beginn einer zwanzigjährigen Freundschaft. Das gemeinsame Glas Wein und die gemeinsame Zigarette wurden zu einem Ritual. Kurt kam immer ungewöhnlich früh ins Theater, oft schon um fünf, halb sechs, da er die Gewohnheit hatte, die ganze Rolle vor jeder Vorstellung durchzulesen – ganz im Gegensatz zu mir, der damals am liebsten in der letzten Minute gekommen wäre und sich im Gehen auf dem Weg zum Auftritt umgezogen hätte. Da wir im *Färber* einige Szenen miteinander hatten, war ich natür-

lich ab jetzt auch immer entsprechend früh im Haus, um mit Kurt unsere Szenen durchzusprechen.

Nach der Vorstellung wiederholte sich das Ritual: umziehen, Zigarette, Glas Rotwein, ausklingen ... Er erzählte von seinen Bildern, seinen Dampfmaschinen, seinen Modellflugzeugen, und er erzählte wunderbare Theatergeschichten vom Edthofer, vom Neugebauer, vom Rhomberg ... oder wir spielten uns gegenseitig unsere beiden Lieblingsschauspieler vor, die für uns weit über allen übrigen standen: Werner Krauß und Hans Moser.

Und wenn man an dem wunderbaren Satz von Max Reinhardt gezweifelt hätte: »Das Theater ist der seligste Schlupfwinkel für diejenigen, die ihre Kindheit heimlich in die Tasche gesteckt und sich damit auf und davon gemacht haben, um bis an ihr Lebensende weiterzuspielen«, dann wäre Kurt der lebende Beweis für seine Richtigkeit gewesen. Er konnte sich mit einer Ernsthaftigkeit in ein Spiel versenken, wie man das nur von Kindern kennt.

Man konnte ihm gegenüber auch eine Zärtlichkeit empfinden, wie man sie nur Kindern gegenüber empfindet. Ich kenne kaum einen Kollegen, dem künstlerischer Respekt und persönliche Zuneigung so ungeteilt entgegengebracht wurden wie ihm. Dabei hat er nie um diese Zuneigung gebuhlt – im Gegenteil: er war oft schweigsam, haßte Small talk, war nie verbindlich, vielen Din-

gen gegenüber kritisch bis ablehnend, und er machte aus allen diesen Eigenschaften kein Hehl.
So wie er war, so war er eben, er konnte und wollte sich vor allem nicht verstellen. So wie wirkliche Schauspieler eben nie »Versteller«, sondern bestenfalls »Enthüller« sind.

Leider gab es nur noch zwei Produktionen, wo wir gemeinsam in der »18er« saßen: *Wie es euch gefällt,* wo Kurt den Probstein spielte und ich den jungen Schäfer. Hier gesellte sich zum Ausklingen meist ein Dritter zu unserem Bund: Ernst Waldbrunn, der den alten Schäfer spielte und mit dem uns beide eine besondere, herzliche Freundschaft verband. Wunderbare, unvergeßliche Stunden in der 18er.
Unser letztes gemeinsames Stück war *Der Schwierige* mit Kurt als großartigem »neuen« Diener Vinzenz und mir als ziemlich schlechtem Sekretär Neugebauer.
Danach wanderte Kurt endgültig an die »Burg« ab, und ich saß noch ein- oder zweimal in der 18er – allein, irgendwie war es jetzt meine Garderobe geworden, aber plötzlich kam mir der schmale, fensterlose Schlauch deprimierend vor. Ich verließ die 18er von einem Tag auf den anderen und habe sie seither nie wieder betreten.
Einige Jahre später standen wir gemeinsam vor der Kamera: Kurt als sensationeller Peter Altenberg, und ich durfte an seiner Seite den Karl

Kraus spielen. Kurz vor Drehbeginn suchte der Regisseur noch eine Darstellerin für die Helga Malmberg. Ich hatte gerade in einer Aufführung des Reinhardt-Seminars eine junge Schauspielerin in einer Kleist-Collage gesehen: Christine Golin. Diese empfahl ich dem Regisseur, und sie bekam die Rolle.

Vier Jahre später standen wir gemeinsam auf dem Standesamt: Christine Golin wurde meine Frau. Kurt und Inge waren unsere Trauzeugen. Und wie das Leben so spielt, hatten die beiden genau am selben Tag Hochzeitstag.

Christine und ich waren kurz vorher in ein kleines Dorf im Weinviertel gezogen, nur durch einen Weinberg getrennt vom Wohnsitz der »Sowinetzens«. Es war wieder einer jener merkwürdigen, unerklärlichen Zufälle, der uns in genau diese Gegend geführt hatte.

Viele gegenseitige Besuche, Ausflüge und unvergeßliche Abende mit gemeinsamen Freunden waren das Resultat dieser geographischen Nähe.

Eines Nachmittags hatten wir wieder einige Freunde bei uns, darunter Helmut Qualtinger, den mit Kurt ja eine unbeschreibliche Nähe verband. Wir saßen alle im Preßhaus, und plötzlich fehlten Kurt und Helmut. Als wir die Tür zum Hof öffneten, bot sich uns folgendes Bild: Kurt und Helmut Arm in Arm beim Eistanzen – es erübrigt sich wahrscheinlich zu erwähnen, daß gerade Hochsommer war.

An diesen Abenden war natürlich auch viel vom

Theater die Rede. Kurt entwickelte eine Theorie: Theater sei eine Angelegenheit, die eigentlich nur unter Freunden stattfinden sollte. Ein kleines Ensemble, jeder mit jedem befreundet.

Und siehe da: dieser Traum wurde – wenn auch nur vorübergehend – Wirklichkeit. In Reichenau an der Rax wurden neue Sommerspiele ins Leben gerufen, und als erste Produktion wollte man Sketche von Karl Farkas (er hatte fast 30 Jahre lang in Reichenau ein Sommerhaus besessen) mit Burgschauspielern bringen. Ich sollte Regie führen, und natürlich stand Kurts Name an oberster Stelle meiner Besetzungs-Wunschliste. Kurt spielte damals ziemlich oft mit Karlheinz Hackl und fragte ihn, ob er nicht Lust hätte, bei uns mitzumachen, dieser fragte wieder Robert Meyer und Walter Langer. Komplettiert wurde das Team von Ida Krottendorf und Dunja Sowinetz. Kurt Werner war der musikalische Leiter.

Und so war Kurts Traum vom Ensemble der Freunde in Erfüllung gegangen. Der Erfolg überstieg alle Erwartungen, und als die Produktion im Jahr darauf wiederholt wurde, waren die Karten bereits im Jänner ausverkauft.

Es gab noch etliche Pläne für Reichenau, darunter ein Lieblingsprojekt von mir: Hofmannsthals *Der Unbestechliche* mit Kurt als Theodor ...

Das Haus in Hautzendorf war auch Ausgangspunkt meiner wahrscheinlich schönsten Wanderung: Eines Tages beschlossen Kurt und ich, zu unserem Lieblings-Wirtshaus zu wandern, das ungefähr 30 km entfernt war. Wir wollten am Vormittag aufbrechen und die mit dem Auto nachkommenden Frauen zum Abendessen treffen. Ich hatte einen Rucksack mit Tee, Speck, Obst, und die Route wurde so bestimmt, daß Kurt zwei- oder dreimal in einem Dorf ein Bier trinken konnte – das hatte er zur Bedingung gemacht. Anfangs klappte das wunderbar, aber bald gaben wir die geplante Route auf und wanderten querfeldein. Und so geschah es, daß wir schon drei Stunden ohne Bierpause unterwegs waren – und kein Dorf, sprich Wirtshaus in Sicht. Kurt wurde ein bißchen unruhig – der heiße Tee im Rucksack war kein Ersatz für ein kaltes Bier –, hielt nach einer Kirchturmspitze Ausschau und sagte: »Es gibt eine alte Regel: Wo eine Kirche ist, ist auch ein Wirtshaus!« Nach einer Weile tauchte in der Ferne endlich ein Kirchturm auf. Kurts Gesicht hellte sich auf, und wir marschierten schnurstracks Richtung Kirche.

Glücklich erreichten wir Dorf und Kirche, und der erste Mensch, den wir trafen, wurde von Kurt gefragt: »Wo ist denn hier das Wirtshaus?«

Wie ein Keulenschlag kam die Antwort: »Wir haben kein Wirtshaus.«

Kurt: »Ja, aber die Kirche ...«

»Ja, ja, früher war auch eins da, aber die Frauen im Dorf haben gesagt, das muß zusperren, weil die Männer nur dort gehockt und nie z'Haus gangen sind.«

Was sich jetzt in Kurts Gesicht abspielte, war unbeschreiblich: es war, wie wenn man einem Kind gesagt hätte, soeben ist Weihnachten abgeschafft worden.

Zum Glück setzte der Angesprochene hinzu: »Aber zwei Kilometer weiter ist das nächste Dorf, und dort gibt's ein Wirtshaus.«

Also marschierten wir ins nächste Dorf, Kurt bekam sein Bier und wanderte glücklich weiter.

Ich war erstaunt, wie toll er diese doch immerhin siebenstündige Wanderung ohne die geringsten Ermüdungserscheinungen zurücklegte.

Er war danach so begeistert, daß wir sofort Pläne für eine Wien-Wanderung zu wälzen begannen. Auch wollten wir einmal mit dem Auto in die Blockheide und dort eine mehrtägige Wanderung unternehmen. Er hatte sich sogar extra Wanderschuhe gekauft, nachdem er die erste Tour in Tennisschuhen absolviert und am nächsten Tag Blasen hatte.

Dasselbe unergründliche Schicksal, das uns zueinandergeführt hatte, verhinderte, daß irgendeiner dieser Pläne noch hätte ausgeführt werden können.

Wenige Tage vor seinem Tod saß ich mit einer gemeinsamen Freundin an seinem Spitalsbett, Kurt war offenbar eingedöst, und ich erzählte ihr von unserer Wanderung. Plötzlich sagte Kurt, ohne die Augen zu öffnen: »Falsch! Den Speck haben wir nicht am Teich gegessen, sondern ganz woanders. Am Teich hast du Mannerschnitten gegessen, und ich habe eine Zigarette geraucht.« Und dann fügte er noch hinzu: »Wenn ich da fertig bin, müssen wir endlich die neuen Wanderschuhe einweihen ...«

Lieber Kurti, ich weiß zwar nicht genau, wo Du jetzt wanderst, aber möge Dir auf Deiner Wanderung nie wieder eine Kirche ohne Wirtshaus begegnen ...!

Heinz Marecek

Heinz und Christine sind Freunde geblieben.
Kurt und wir haben die Zeit sehr genossen, wo wir nur von einem Hügel getrennt in derselben Gegend lebten. Und dann war da noch Sarah, die Tochter der beiden. Kurt hat sie besonders gern gehabt. Er sagte einmal zu ihr, als er sie einige Zeit nicht gesehen hatte: »Kennst mi noch? Ich bin der arme Onkel Künstler.« Dieser Ausspruch wurde bei den Mareceks ein geflügeltes Wort.
Seltsam! Jetzt kommen wir gerade aus dem Spital, wo Christine ihr zweites Baby bekommen hat, den kleinen Ben, den der »arme Onkel Künstler« leider nicht mehr kennengelernt hat.
Der eine geht, der andere kommt.
Aber wer weiß, vielleicht kennt er ihn doch. Von über den Sternen ...

Die Josefstädter Jahre waren sehr produktiv. Wieder spielte er viele, viele Premieren, wie schon am Volkstheater. Hier ein Auszug davon: Ödön von Horváth: *Kasimir und Karoline,* Franz Molnár:

WAS IHR WOLLT

(Twelfth Night or What you will)
von William Shakespeare

Deutsche Fassung von Dietrich Haugk nach der Übersetzung von Theodor v. Zeynek

Lieder von Gustav Zelibor

Inszenierung	Dietrich Haugk
Bühnenbilder	Roman Weyl
Kostüme	Birgit Hutter

Orsino		Volker Brandt
Olivia		Marion Degler
Sebastian / Viola, seine Schwester		Gertraud Jesserer
Sir Toby Belch		Jochen Brockmann
Sir Andrew Aguecheek		Peter Vogel
Malvolio, Olivias Butler		Leopold Rudolf
Maria	im Dienste Olivias	Elfriede Ott
Fabian	im Dienste Olivias	Nikolaus Paryla
Kaspar	im Dienste Olivias	Kurt Sowinetz
Valentin	Freunde Orsinos	Bernd Ander
Curio	Freunde Orsinos	Frank Michael Weber
Antonio, Freund Sebastians		Peter Matić
Ein Matrose		Franz Gary
Ein Mädchen		Annette Kössler

Illyrien, eine Gegend am Mittelmeer. Heute

Technische Einrichtung	Friedrich Mittermüller
Beleuchtung	Franz Pribil
Ton	Gerd Baumgartner
Masken	Ernst Faber
Frisuren	Luise Blühm

Eine Pause

Bühnenrechte der Übersetzung von Zeynek beim Österreichischen Bühnenverlag Kaiser & Co., Wien

Kostüme: Neue Wiener Theaterkunst, VI, Capistrangasse 5 – Schuhe: Sipka, I, Schottenring 14 a, VI, Mariahilfer Straße 9, I, Kärntnerstraße 14 („Romeo") – Brillen: Optiker Schleiffelder, VIII, Josefstädter Straße 33 – Boxleibchen von Herrn Vogel: Ginetto-Moden, IV, Bärenmühldurchgang – Batterie-Tonbandgerät „Telefunken 401": Firma Theodor Lang, I, Rotenturmstraße 29 – Angel: Fischereizubehör Steurer, I, Rathausstraße 5

Besetzungszettel »Was ihr wollt« von William Shakespeare, Theater in der Josefstadt, Wien 1968

V a r i a t i o n e n

über einen Satz aus einem Garderobengespräch.

Ma müsst mit an klan Vogel Bruadaschaft trinken
und dann so gscheit sein, dass ma alles, was er
maant, versteht.
Ma müsst mit an klan Vogel Bruadaschaft trinken -
aber des kann ma net.

Ma müsst so stad sein, dass ma - wann der Schnee fallt -
eahm zuhörn kann und waas von was er redt.
Ma müsst so stad sein, dass ma - wann der Schnee fallt -
aber des kann ma net.

Ma müsst mit Tramwayschienen über d' Ewigkeit reden,
zwa alte Schienen, waast, wo ane ewig nebn der andern
geht.
Ma müsst mit Tramwayschienen über d' Ewigkeit reden -
aber des kann ma net.

Ma müsst der Schramek Paula garnet mehr als wie nur
"Servas" sagen,
aber so klass, dass sie des, was ma net sagt, gradso-
guat versteht.
Ma müsst der Schramek Paula garnet mehr als wie nur
"Servas" sagen -
aber des kann ma net.

Ma müsst halt rundherum und umadum afach a Mensch sein
und inwendig - wia ma so sagt, verstehst mi? - a Poet.
Ma müsst halt rundherum und umadum afach a Mensch sein -
aber des is ma net.

Für meinen Freund Kurt
Dein Ku.

Zu Wien, in der Josefstadt, anno Feuerwerk.

Kurt Nachmanns Erstfassung des Lieds (siehe Seite 159/160)

Der gläserne Pantoffel und *Das Märchen vom Wolf*, John Whiting: *Thomas Morus*, Fritz Hochwälder: *Der öffentliche Ankläger*, Paddy Chayefsky: *Der zehnte Mann*, Molière: *Die gelehrten Frauen*, Marcel Pagnol: *Das große ABC*, Anton Tschechow: *Onkel Wanja* und *Drei Schwestern*, William Shakespeare: *Was ihr wollt*, *Zwei aus Verona*, *Wie es euch gefällt* und *Verlorene Liebesmüh*, Arthur Schnitzler: *Das Wort*, George Bernard Shaw: *Die Häuser des Herrn Sartorius*, Georges Feydeau: *Ein Klotz am Bein*, Hugo von Hofmannsthal: *Der Schwierige*, Erik Charell / Jürg Amstein und Paul Burkhard: *Feuerwerk*. Und er spielte in diesen Jahren große Nestroy-Rollen: in *Lumpazivagabundus* den Zwirn (seine Antrittsrolle) mit Helmut Qualtinger als Knieriem, *Der Färber und sein Zwillingsbruder*, zusammen mit Fritz Muliar, den Strick in *Die beiden Nachtwandler*, und als seine letzte Premiere an diesem Haus den Damian in *Zu ebener Erde und erster Stock*.
Kurt war glücklich an der Josefstadt. Er mochte die Menschen, die familiäre Atmosphäre, das Überschaubare an diesem Theater. Er mochte das Café Maria Treu in der Piaristengasse und den kleinen Greißler Hillebrand gleich neben dem Theater, der in seinem Hinterzimmer einen Holztisch und Holzbänke aufgestellt hatte, wo einige Schauspieler oft zusammengesessen sind.
Hier erfand er, zusammen mit Alfred Böhm und Kurt Nachmann, die Clownsnummer fürs *Feuerwerk*. Der Hillebrand lieferte ihm sogar die Idee

zu einem Lied, das später auf einer seiner LPs veröffentlicht wurde. Trude Marzik schrieb für ihn »Feinkost und Delikatessen«, eine Hymne auf die kleinen Greißler im allgemeinen und auf den Hillebrand im speziellen.
All das hat er ungern zurückgelassen, als er im Jahre 1974 ans Burgtheater engagiert wurde.

NARREN UND CLOWNS

Wir haben dieses Thema schon bei dem Kapitel über Godot angeschnitten. Doch man muß, wenn man über Kurt schreibt, unwillkürlich näher darauf eingehen.
Künstlerisch waren Narren und Clowns sehr oft sein Thema. Reden wir zuerst über die, die er gespielt hat. Da war natürlich, schon relativ am Anfang seiner Schauspielerlaufbahn, der arme, raunzige Schlucker Estragon mit den nicht passenden Schuhen, der mit seinem gescheiteren Freund Wladimir unter einem Baum auf Herrn Godot wartet. Beide Figuren tragen eindeutig Züge von Clowns.
Dann spielte er die Shakespeare-Narren. Den Probstein in *Wie es euch gefällt* und den Narr, weisen Spaßmacher oder, wie man ihn auf englisch bezeichnet, den Clown in *Was ihr wollt.* Besonders diese Figur hat er sehr geliebt. Nicht zuletzt deshalb, weil dieser Narr am Ende des Stückes das wunderbare Lied zu singen hat »Hopp heißa, bei Regen und Wind ...« Jenes Lied, das er in melancholischen Momenten abseits der Bühne manchmal vor sich hingesungen hat.
Dreimal war er der Narr in *Was ihr wollt.* Einmal

am Volkstheater, einmal bei den Melker Sommerspielen und einmal an der Josefstadt.
Am Volkstheater begleitete er sich bei diesem Lied auf einer alten Laute, die er im Fundus entdeckt hatte. Er gewann sie lieb und kaufte sie, nachdem er sie noch in anderen Stücken wie *Zwei aus Verona* verwendet hatte, dem Haus ab. Und so begleitete das Instrument ihn sogar 1959 nach Salzburg, wo er als Dünner Vetter im *Jedermann* der Tischgesellschaft darauf ein Lied gespielt hat.
Bei den Melker Sommerspielen 1961 – es waren übrigens die ersten, die dort stattgefunden haben – kam die Laute beim Narrenlied jedoch nicht zum Einsatz. Diesmal hatte Kurt sich etwas anderes ausgedacht. Er verwendete eine einfache Trommel, auf der er nach jedem Refrain das Geräusch des Regens mit den Fingern klopfte: »Denn der Regen, der regnet jeglichen Tag ...«
Kurt erzählte, daß man bei dieser Freilichtaufführung manchmal mehr als gewohnt den Charme dieser Shakespeare-Komödie spüren konnte, als sich an einigen lauen Sommerabenden ein paar freiwillige Mitspieler einfanden. Glühwürmchen verbreiteten mit ihren kleinen schimmernden Körpern einen zusätzlichen märchenhaften Zauber, für Zuseher genauso wie für Mitwirkende. Diese Augenblicke müssen wohl fast so gewirkt haben, als ob der Sternenhimmel kurz heruntergekommen wäre, um mitzuspielen.
Was Kurt an den Shakespeare-Narren so gereizt

F E U E R W E R K

Musikalische Komödie in drei Akten von Erik Charell und Jürg Amstein
Nach einem Lustspiel von Emil Sautter
Gesangstexte von Jürg Amstein und Robert Gilbert
Musik von Paul Burkhard

Inszenierung	Peter Vogel
Bühnenbilder	Walter Hoesslin
Kostüme	Lili Salomon
Choreographie	Lola Braxton
An zwei Klavieren	Heinz Sandauer Heinz Hruza
Am Schlagzeug	Werner Mündel

Der Vater	Erik Frey
Die Mutter	Vilma Degischer
Anna, die Tochter	Sylvia Manas
Die Köchin	Gretl Elb
Onkel Fritz	Alfred Böhm
Tante Berta	Helly Servi
Onkel Gustav	Kurt Sowinetz
Tante Paula	Grete Zimmer
Onkel Heinrich	Kurt Nachmann
Tante Lisa	Erna Korhel
Alexander Obolski	Paul Hubschmid
Iduna, seine Frau	Erika Pluhar
Robert, ein junger Gärtner	Christian Futterknecht
Josef, Faktotum	Karl Hellmich
Pony Johnny	Susanne Monis Michael Würth
Tänzerin	Claudine Dany
Artisten	
14 Manegendiener	

Regieassistenz: Nicolaus Windisch-Spoerk / Souffleuse: Therese Baurek / Inspizient: Walter Hoffmann / Ton: Eugen Andel / Technische Einrichtung: Wolfgang Müller-Karbach / Beleuchtung: Franz Pribil / Frisuren: Luise Jurik / Perücken und Masken: Ernst Faber und Helmut Kanzler

Pause nach dem zweiten Akt

Bühnenrechte beim Eirich-Theaterverlag, Wien

Kostüme: Atelier Salomon, I, Domgasse 6

Besetzungszettel »Feuerwerk« von Charell/Amstein und Paul Burkhard, Theater in der Josefstadt, Wien 1975

haben mag, war vielleicht ihre Philosophie mit Augenzwinkern, ihr Wissen gepaart mit Kindlichkeit, ihre Heiterkeit gepaart mit Melancholie. Und oft sogar mit tiefer Traurigkeit. Ihr Dasein als Außenseiter, als Mensch in einem Stück Leben von Shakespeare.

Ein weiteres Stück, das Kurt, sicher nicht zufällig, zuerst am Volkstheater und dann an der Josefstadt spielte, war die musikalische Komödie *Feuerwerk*. Hier begann er sich mit dem Thema Clown intensiv auseinanderzusetzen, das ja mit dem Narrenthema sehr verwoben ist.

Im *Feuerwerk* geht es um eine äußerst spießbürgerliche Familie, deren Mitglieder sich zu einer Geburtstagsfeier versammelt haben, auf der zum Schrecken aller auch das »schwarze Schaf« unter ihnen, der Zirkusdirektor Obolski, mit seiner Frau Iduna erscheint. Im Laufe der Feier verliebt sich Anna, die Tochter des Hauses, in ihn und möchte auch zum Zirkus. Sie hat plötzlich Sehnsucht nach etwas anderem als ihrem langweiligen Spießbürgerleben.

Kurt spielte den von seiner Frau unterdrückten, kränkelnden, unter Dauerhusten leidenden Onkel Gustav, der auch von der Faszination der Zirkuswelt angesteckt wird, sich aber, eingeschüchtert wie er ist, nichts davon zu sagen traut. In einem Traum Annas entsteht eine phantastische Zirkusszenerie, in der die Familienmitglieder in Artisten und Tiere verwandelt werden. Die Onkel, darunter auch Onkel Gustav, werden zu

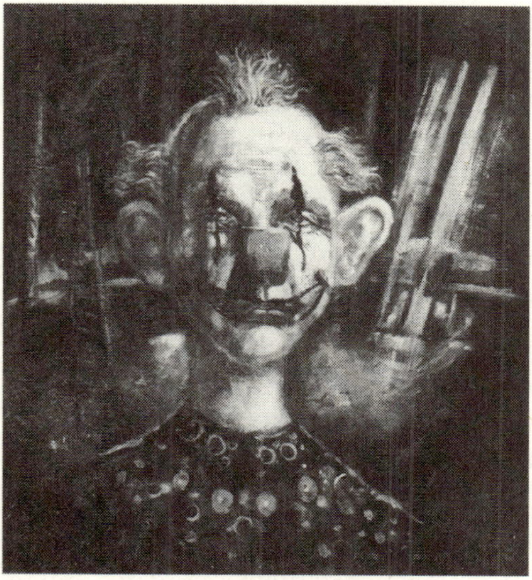

Clown, inspiriert durch »Feuerwerk«, Öl 1966

Christus-Clown, Öl 1972

Clowns, ihre Frauen zu Raubkatzen. Und an dieser Stelle ist von den Autoren eine Clownszene ad libitum vorgesehen, der Phantasie von Schauspielern und Regisseur waren also keine Grenzen gesetzt.
Für diese Szene schwebte Kurt wieder ein Instrument vor, denn Musik war seiner Meinung nach wesentlich für Narren und Clowns. Aber diesmal holte er sich nichts aus dem Fundus, sondern baute es sich selbst. In mühevoller Arbeit stellte er eine winzig kleine Geige her, auf der er in jener Clownszene das wohl bekannteste Lied des Stükkes »O mein Papa« spielt – als Kind hatte er von seinem Vater ein bißchen Geigenspielen gelernt. Er stand da, in seinem rot-weiß geringelten Clownhemd und der roten Nase, und ich weiß noch, die Leute sind bei den zarten Geigenklängen ganz still geworden, so daß man die berühmte Stecknadel hätte fallen hören können.
Die kleine Geige spielte insgesamt in über hundert *Feuerwerk*-Vorstellungen am Volkstheater und an der Josefstadt. Ein drittes Mal sollte Kurt sie am Burgtheater als undurchsichtige Figur, die liedersingend durch die Akte von *Dantons Tod* geisterte, verwenden. Doch die »alte Dame«, wie Kurt sie nannte, hatte da schon einige Jahre auf dem Buckel. Er baute für sie eigens einen Holzkasten, den er mit blauem Samt auslegte, wo sie ihren verdienten Ruheplatz fand, und anschließend extra für die *Danton*-Produktion eine zweite »jüngere Schwester«, ebenso im Miniaturformat.

König Lear und der Narr (Clown), Öl

Narr: Nennst du mich Narr, Junge?
Narr: Alle deine anderen Titel hast du weggeschenkt,
mit diesem bist du geboren.

Auf ihr spielte er gleich zu Beginn des Stückes die Marseillaise.
Doch zurück zu *Feuerwerk*. Das Stück endet damit, daß fast alle wieder in ihren Alltag zurückkehren. Auch Anna sieht ein, daß Obolski zu seiner Frau gehört und der Zirkus für sie immer ein Traum bleiben wird. Nur ein einziger, von dem man es am allerwenigsten erwartet hat, wagt den Ausbruch: Onkel Gustav. Er folgt Direktor Obolski und Iduna zum Zirkus. Und sein Husten ist mit einem Mal verschwunden.
Die Rolle des Onkel Gustav hat Kurt zu einer Anzahl von Aquarellen, Zeichnungen und Ölbildern inspiriert, in denen der Clown das zentrale Thema

ist: der Clown in der Manege, umringt von Scheinwerfern, mit dem großen aufgemalten lachenden Mund und der roten Nase, die ein ernstes Gesicht verbergen, der »Christus-Clown«, »König Lear und der Narr« und ein Bild, das zwar keinen Clown, aber eine ihm sehr verwandte Figur zum Mittelpunkt hat: den Kasperl. Er hängt zusammengesackt und müde an seinen Schnüren auf einer Art Bühne, und im Hintergrund, mit ihren Blicken auf ihn gerichtet, sieht man die restlichen »Mitspieler«: den König, die Königin, die Prinzessin, das Krokodil, einen Teufel, ein weißes Einhorn und, mitten in dieser Gruppe, den Tod. Am Horizont bricht schon die Nacht herein, es gibt nur noch einen schmalen rötlichen Streifen als Überbleibsel der schon untergegangenen Sonne. Ein Einblick in die düstere Ecke von Kurts Seele.

Eine seiner letzten Ideen zum Thema Clown ist etwas freundlicher, positiver. Sie existiert als Bleistiftskizze in einem Zeichenblock. Eine Clownfamilie galoppiert auf einem Pferd in den Himmel, eines der Kinder hält sich gerade noch am Schweif fest, und unter ihnen verschwindet, schon unter Wolken versteckt, die Welt.

SCHALLPLATTEN

Oft und oft, wenn wir zusammengesessen sind mit Freunden und Kurt zu vorgerückter Stunde in sein uns allen so wohlbekanntes Spintisieren und Phantasieren verfiel, begann er mit den Worten »Man müaßt ...« uns eine seiner vielen Ideen auszubreiten.

»Man müaßt«, sagte er eines Abends, »aus den Zeilen von Beethovens Neunter, ›Alle Menschen werden Brüder‹, ›Alle Menschen san ma zwider‹ machen!« Dazu muß man sagen, daß Kurt klassische Musik sehr liebte und weder Schiller noch Beethoven mit diesem Einfall verunglimpfen wollte, so wie ihm das später oftmals unterstellt wurde. Wahrscheinlich hat es auf der Welt gerade wieder so ausgeschaut, wie es eben so oft ausschaut, und er wollte der schönen Illusion, daß alle Menschen Brüder werden, die unangenehme Realität aus der Sicht eines räsonierenden Wieners gegenüberstellen.

Die Idee ging ihm nicht mehr aus dem Kopf, und als ein paar Jahre später der damalige Dirigent und Kapellmeister des Theaters an der Wien, Johannes Fehring, mit dem Vorschlag an ihn herangetreten ist, gemeinsam eine Langspielplatte zu

produzieren, erzählte er ihm davon. Fehring war von diesem Ausgangspunkt für ein Chanson sehr angetan, und jetzt ging es darum, das ganze in eine Form zu bringen. Wir überlegten, wer so ein Lied wohl am besten und im Sinne von Kurts Grundgedanken schreiben könnte, und plötzlich fiel uns Wolfgang Teuschl wieder ein, der hochbegabte junge Autor von »Der Jesus und seine Hawara«. Man setzte sich mit Teuschl in Verbindung, und er wurde ein kongenialer Partner. »Alle Menschen san ma zwider« war der Grundstein zu einer langjährigen guten Zusammenarbeit zwischen Wolfgang und Kurt, aus der eine große Anzahl von Chansons hervorging.
Nachdem die beiden eine Nacht lang geredet und miteinander spintisiert hatten, wurde folgendes geboren:

Alle Menschen san ma zwider
(Selbstgespräch eines Querulanten beim Heurigen)

gesprochen:
Alle Menschen werden Brüder
Olle – Menschen – werdn – Brüda ...
– Ah WERDEN Brüder!
alle Menschen werden Brüder ...

Chor:
»Naa, mir wern kan Richter brauchn,
wäu mir ham a goldens Herz.
Mir wern alles übertauchen,

und dann fahrn ma himmelwärts.
Mir san olle guate Latschn,
und drum ham ma uns so gern.
Da bei uns streckt kaner d'Potschen,
ohne daß die Erben rehrn!«

Solo:
I wer euch des jetzt übersetzen,
ohne Schenierer, wia'r i bin:
»I wünsch euch alln an Haufn Krätzen,
an Zeck in Ohr und in Quiqui!
Alle Menschn san ma zwider,
i möcht's in die Goschn haun,
mir san alle Menschn zwider,
in die Goschn möcht i s haun;
Vater, Mutter,
Schwester, Bruder
und die ganze Packlraß,
alle Menschen san ma zwider,
wann i Leut siech, geh i haaß!«
Was? Es könnt's mi aa net leidn?
Und ihr sagt's, i bin net gscheit?
Owa mit so blede Leut
wer i mi no lang net streiten!
I bin, sagen's, a Zwiderwurzn;
sie sagn, es is nur der Neid.
I sog: »Motschkern könnt's? Was tuat's dn
dann groß mit der Gmüatlichkeit?
Is do eh so leicht zum Gneißen:
Schmiert's euch d Gmüatlichkeit in d Haar!
Bei mir werd's es ka Leiberl reißn!«

Wegn dem fäuln s auf mi is klar:
Allen Menschen bin i zwider,
sie wolln mi in d Goschn haun;
Vater, Mutter,
Schwester und Bruder
und die ganze Packlraß:
allen Menschen bin i zwider,
wann mi d Leut segn, gengans haaß!
Dabei bin i ma selber zwider,
dabei mag i mi selber net.
Jetzt denkt's euch, gö: Da legst di nieder!
Jetzt halt's mir scho für urndlich bled!
Lacht's nur ruhig, es Saafensiader,
euch wird's Lachn scho vergehn!
Bei der Bledheit san ma Briader!
Des werdt's hoffentlich verstehn.
Und drum halt i euch scho wieder
vur an Spiagel, an genaun:
Alle Menschen san ma zwider,
i möcht's in die Goschen haun,
mir san alle Menschen zwider,
in die Goschen möcht i s haun.
Vater, Mutter,
Schwester und Bruder
und die ganze Packlraß!
Alle Menschen san ma zwider,
i möcht's in die Goschen haun
in d Goschen haun
in d Goschen haun
in d Goschen
haun ...

Die ganze LP, die dann entstand und »Alle Menschen san ma zwider« auch zum Titel hatte, wurde ein wirklich großer Erfolg. Neben Wolfgang Teuschl waren noch Peter Orthofer und Trude Marzik für die Texte verantwortlich.
Die Musik stammte von Toni Stricker, Richard Österreicher und Hans Salomon. Und Johannes Fehring war ein wunderbarer musikalischer Leiter.
Zu jener Zeit, im Jahre 1972, war von der Austro-Pop-Welle noch keine Rede. Die oft sehr aggressiven, kritischen Dialekttexte waren noch etwas ungewohnt für die Ohren der österreichischen Plattenkäufer.
Ein paar Nummern der LP wurden fürs Fernsehen bildlich aufgelöst – auch was ein Video-Clip ist, wußte man damals noch kaum –, und erst nach deren Ausstrahlung an einem Samstagabend ist der Plattenverkauf richtig losgegangen.
Kurt rangierte bald darauf mit »Alle Menschen san ma zwider« wochenlang an erster Stelle der Hit-Parade und bekam schließlich für 40 000 verkaufte Exemplare die Goldene Schallplatte verliehen.
Dazu muß ich sagen, daß die LP beinahe nicht veröffentlicht worden wäre. An dem Abend, an dem Kurt und ich bei Fehrings eingeladen waren, um vor Leuten des ORF und dem Chef der Plattenfirma Otto Preiser die erste Probepressung zu präsentieren, rief mich Kurt ins Badezimmer – er

lag in der Wanne – und sagte: »Ich hab Angst, daß die Leut ›Alle Menschen san ma zwider‹ mißverstehen werden, vielleicht is's auch zu ordinär! Ruf den Hansl an, i glaub, man muaß die Plattn einstampfn!«
Mir schoß der Schweiß senkrecht in die Poren, und mein Hirn begann zu rotieren. Wie konnte ich diesen Anfall von Selbstzweifel am besten abfangen? Ich sagte zuerst nur schweißüberströmt »Ja, is gut –«, ging dann zum Telefon, wählte irgendeine imaginäre Nummer und rief Kurt ins Badezimmer zu: »Es is leider besetzt ... Weißt was, mach dich fertig und gehn wir, sonst kommen wir z'spät. Kannst dem Hansl ja dort alles selbst sagen!«
Meine Rechnung ging auf. Als wir erschienen, kam uns schon der strahlende Fehring entgegen, die Platte wurde vorgespielt, und Kurt war durch die allgemeine Begeisterung so entwaffnet, daß er all seine Vorbehalte und Einwände unter den Tisch fallen ließ und sich mit den anderen freute. Und so ist aus der beinahe eingestampften eine Goldene Schallplatte geworden.

Zwei Jahre später saß man wieder mit dem bewährten Autorenteam beim Fehring zusammen und war dabei, ein Konzept für eine neue LP auszuarbeiten. Kurt ließ den tausend Gedanken, die in seinem Kopf herumschwirrten, freien Lauf. Die Textdichter präsentierten ebenfalls ihre Vorschläge und Ideen, und nach etwa einjähriger Vor-

bereitung entstand die zweite LP, deren Titelnummer wiederum von Wolfgang Teuschl stammte: »Halleluja der Huat brennt.« Diese Nummer setzte sich damals, im Jahre 1974, schon mit der Umweltpolitik auseinander.
– – – Ich finde, wenn man diese Texte heute anschaut, ist es manchmal richtig unheimlich, wie aktuell viele davon immer noch sind. 1974 war ich nicht alt genug, sie wirklich zu verstehen. Heute ist mein liebstes Lied auf dieser Platte das stille – man kann fast sagen – Gegenlied zur Titelnummer: »Weißt du, wieviel Sternlein stehn.«
Ich wünsch mir, daß es hier abgedruckt wird, weil diese Abwandlung des Kinderliedes, das wir alle kennen, gerade heute, so viele Jahre später, immer noch stimmt. Mehr denn je. Deshalb, und weil es so einfach ist in seiner Form, geht mir dieses Lied von Peter Orthofer sehr unter die Haut. – – –
Wenn ich mich recht erinnere, ist es auch durch eine Anregung von Kurt entstanden.

Weisst du, wieviel Sternlein stehen

Weißt du, wieviel Sternlein stehen
nachts am Himmel in der Höh,
und was sie so alles sehen,
wann's d'as waaßt, dann fürchst di eh!

Alle schaun
zu die Stern, weil die liegn so herrlich fern.
Frag di selbst
was soll wern,
wann's so weitergeht
auf Erden!
Weißt du, was der Mensch imstand is,
Wieviel tun sich täglich weh!
Alle sagn, daß's zwar a Schand is,
aber dann führn's weiter Schmäh,
weil der Kopf so gern im Sand is,
wann's d'as waaßt, dann fürchst di eh!
Schau dir schnell
in die Seel,
und du siechst a klane Höll.
Wann dir graust –
meinetwegen –
no hast Zeit
zum Überlegen.
Nur mit jeder Stund wird's später,
wann's d'as waaßt, dann fürchst di eh –
wann's d'as waaßt, dann fürchst di eh.

Kurt lagen die spröden, manchmal traurigen, oft unangenehmen Texte immer besonders am Herzen. Sie erwiesen sich auf der Platte selten als die besonderen Reißer, die man dann auch im Radio zu hören bekam. Ich dagegen habe meistens intuitiv im vorhinein gespürt, welche Nummern beim Publikum später am besten ankommen wer-

den. Diese Gabe trug mir bei Johannes Fehring den Namen »Kommerzhaserl« ein.
Das soll selbstverständlich nicht heißen, daß Kurt nicht alle Lieder gemocht hat. Denn jeder der Autoren hat ein Stückerl von Kurts Persönlichkeit erwischt: So Wolfgang Teuschl das Betroffene, Zynische, Sarkastische, Peter Orthofer das Witzige, aber auch Nachdenkliche, und Trude Marzik die melancholische, typisch wienerische Art, seine Gedanken ein Leben lang immer wieder um den Tod kreisen zu lassen.
Hier also ein Liedertext von Trude Marzik, den Kurt besonders gern gehabt hat. Es geht um die (Nicht-)Auseinandersetzung eines Wieners mit dem Sterben:

Untern Packpapier

Am Graben zu Mittag
da is aner g'legn
mit Packpapier zuadeckt,
nur d'Schuach warn zum segn.
Zerscht gibt's dar an Riß,
dann geht ma vorbei.
Am besten net hinschaun!
Aha – Polizei!
Am besten net hinschaun,
ma geht dran vorbei.
So rennt ma gschwind weiter
und denkt kurz no dran:
Wer is des nur gwesen?

Nach d'Schuach war's a Mann.
A alter? A junger?
A besserer Herr?
A Hiesiger – oder
a Tschusch? A Monteur?
Nach d'Schuach war's a Mann; war's
a besserer Herr?
Was kann eam denn gfehlt ham?
Ham s'eam überführt?
A Selbstmord? A Herzschlag?
Maanst, hat er was gspürt?
Dann siecht ma im Gehen:
der Himmel is blau;
die Sunn scheint so warm heut,
die Luft is so lau.
Viel blauer, viel lauer
wia sunst, gar ka Frag.
Z'Mittag, drübn im Wirtshaus,
obwohl ma nix mag,
bestellt ma a Gulasch
und ißt und entdeckt:
No nie hat a Gulasch
so wunderbar gschmeckt.
Am Grabn z Mittag,
da is aner glegn,
mit Packpapier zuadeckt,
nur d'Schuach warn zum segn.
Drauf drinkt ma mit Gusta
a zweits Krüagl Bier.
Zum Glück liegt a anderer
untern Papier ...

Jeder der Textdichter hat sich auf seine Weise in dem einen oder anderen Lied äußerst kritisch mit der »seligen Wienerstadt« auseinandergesetzt. Sie bietet ja wirklich ein unerschöpfliches Reservoir an Themen, doch hat Kurt bei aller Kritik nie mit dem Finger auf die anderen gezeigt: »Seht's, so seid's ihr«, sondern sich selbst als Sprößling dieser Stadt mit all seinen eigenen Fehlern mit einbezogen: »Seht's, so san mia ...«

1977 wurde die LP »Blues von den Tabus« produziert. Die gleichnamige Nummer darauf von Wolfgang Teuschl befaßt sich nicht nur mit Wien allein, sondern mit ganz Österreich.

Der Blues von die Tabus

Reden derf man ja bekanntlich über alles,
über Frauen, Politik und Dollars.
Nur bitte, es gibt aa Sachen,
da gibt's, bitte, nix zum Lachen,
da, bitte, tuat's uns verschonen
mit Diskussionen:
Die Ski, des Edelweiß, die Burg und Oper,
das Herz, komplett aus Gold, von ganz
Europa,
das österreichisch Schicksal der Erfinder,
der Sindelar, der Nausch, der Bimbo Binder,
der Muttertag und aa der Johann Strauß,
a Schnitzel und a Bauernschmaus:

Bei solchen Hausmannskost-Delikatessen
wird, was am Teller kommt, aa gessen!
Das is der Blues
von die Tabus.
Die amtlich schlichte Weise, wia ma Daam
draht,
die kultivierte Art, wia ma si haamdraht,
vom 34er Jahr der zwölfte Feber
und am Mauthausner Bergl gwisse Gräber,
Privilegien von rechts bis links
und Adolf ... no, waaßt eh, der Dings:
Bei solchen Hausmannskost-Delikatessen
wird, was am Teller kommt, aa gessen!
Das ist der Blues, der Blues
von die Tabus.
Die soziale Partnerschaft und s Christkind,
die Kunst – und zwa die Kunst, wia ma
vergißt gschwind,
der Heurige, die Anstalt draußt in Kalksburg,
die Umwegrentabilität in Salzburg,
a weiße Hochzeit und a schene Leich
und Tausend Jahre Österreich ...
Bei solchen Hausmannskost-Delikatessen,
wird, was am Teller kommt, aa gessen!
Das is der Blues, der Blues
von die Tabus.

Ein Lied auf dieser LP hat eine sehr hübsche Geschichte. Sie geht auf die Zeit zurück, in der Kurt an der Josefstadt *Feuerwerk* gespielt hat.
Man blieb zwischen den vielen Nachmittags- und

Abendvorstellungen im Theater. In dieser Überbrückungszeit zwischen zwei Aufführungen hat Kurt seinem Kollegen Kurt Nachmann, der einen der Onkel im *Feuerwerk* gespielt hat und nicht nur Schauspieler, sondern auch Drehbuchautor war, wieder einmal von einer Idee, die er für ein Lied hatte, erzählt. Es ging ihm darum, wie man sein müßte, um »ein Mensch« zu sein – und um die Unfähigkeit dazu, oft schon in den kleinen Dingen. Kurt liebte bei Liedertexten besonders die einfachen Themen, die kleinen alltäglichen Geschichten, wie sie häufig mit einer ganz speziellen Poesie in den französischen Chansons erzählt werden.

Nachmann und er unterhielten sich also, und Kurt kam bei den Gedanken rund ums Menschsein auf sein geflügeltes »Man müaßt ...« zurück: »Man müaßt mit an klan Vogl Bruaderschaft trinken ...« Und so entstanden diese »Variationen über einen Satz aus einem Garderobengespräch«, die Kurt Nachmann ihm am nächsten Tag auf den Garderobentisch legte. Von Kurt für Kurt.

Man müasst ...

Ma müaßt mit an klan Vogl Bruaderschaft
trinken
und dann so gscheit sein, daß ma alles, was
er maant, versteht.

Ma müaßt mit an klan Vogl Bruaderschaft
trinken –
aber des kann ma net.
Ma müaßt so stad sein, daß ma, wann der
Schnee fallt,
eahm zuahörn kann und waaß, von was er redt.
Ma müaßt so stad sein, daß ma, wann der
Schnee fallt –
aber des kann ma net.
Ma müaßt mit Eisenbahnschienen über die
Ewigkeit reden,
zwa alte Schienen, waaßt, wo ane ewig nebn
der andern geht.
Ma müaßt mit Eisenbahnschienen über die
Ewigkeit reden –
aber des kann ma net.
Ma müaßt der Schramek Paula gar net mehr
als wie nur »Servas« sagen,
aber so klaß, daß sie des, wa ma net sagt,
grad so guat versteht.
Ma müaßt der Schramek Paula gar net
mehr als wie nur »Servas« sagen –
aber des kann ma net.
Ma müaßt halt rundherum und umadum
afach a Mensch sein
und inwendig – wia ma so sagt, verstehst mi?
– a Poet.
Ma müaßt halt rundherum und umadum
afach a Mensch sein –
aber des is ma net.

Der bildende
ınstler: Mit seinem
ld »Wassertropfen«
ıd dem Kupfer-Rei-
r...

...sowie mit Teilen
ner auf der eigenen
ehbank hergestell-
ı Dampfmaschine

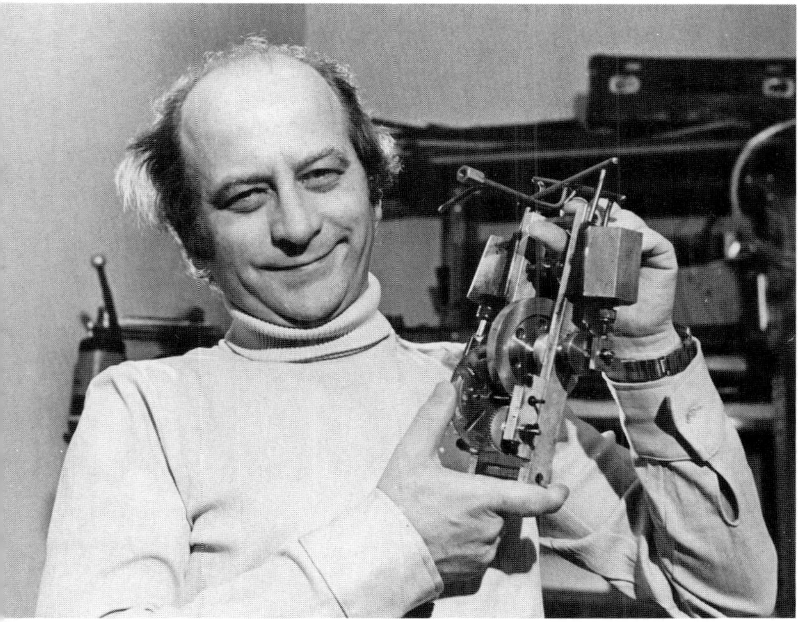

40/41 Mit Klaus Maria Brandauer in dem Einakter »Das Spitzenkleid« aus dem St
»Schneckenhäuser« von John Bowen, Theater in der Josefstadt, Wien 1969, und, in der ers
Rolle im Burgtheaterengagement, als Clov in »Endspiel« von Samuel Beckett, Akademieth
ter, Wien 1975

43–46 Gegenüberliegende Seite: Als Vatelin in »Einer muß der Dumme sein« von Geor
Feydeau, 1980 (o.l.), als Lenin in »Travesties« von Tom Stoppard, 1980 (o.r.), und als Magib
»Night and Day« von Tom Stoppard, 1980 (u.l.), alle drei Akademietheater Wien; als Pe
Altenberg in John Goldschmidts Fernsehfilm »Der Narr von Wien«, 1982 (u.r.)

42 Wieder als Eisenring in »Biedermann und die Brandstifter« von Max Frisch, diesmal
Heinrich Schweiger und Heinz Reincke, Akademietheater, Wien 1976

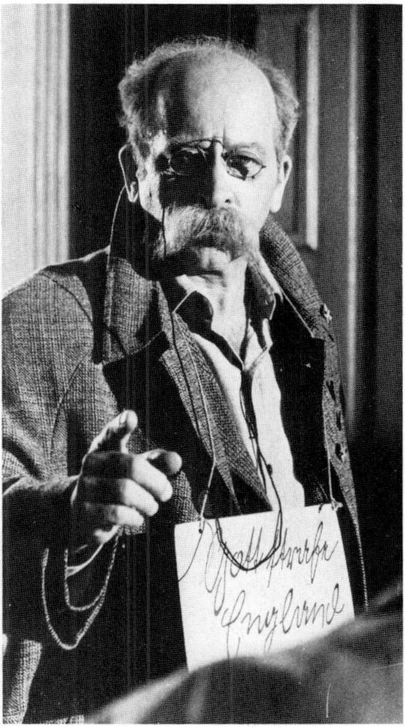

47 Als kleiner Ganove m
Paula Wessely in der Epi
de »Großes Menü« des
Fernsehspiels »Der groß
Karpfen Ferdinand«, 198

48 Als Jacobowsky in
»Jacobowsky und der
Oberst« mit Sylvia Lukan
Burgtheater, Wien 1983

Als Sganarelle in »Don
ın« von Molière mit
ɾlheinz Hackl, Burgthea-
, Wien 1986

Als Rjumin in
mmergäste« von Maxim
:kij mit Erika Pluhar,
:gtheater, Wien 1979

51 Als Herr von
Finster in »Um-
sonst« von Johan
Nestroy mit Her-
bert Probst, Regi
Fritsch und Dunj
Burgtheater, Wie
1987

52 Die letzte Ro
Als Morten Kiil i
»Ein Volksfeind«
von Henrik Ibse
Burgtheater, Wie
1990

Mit Inge, umge-
n von eigenen
dern

Im Innenhof
s Hauses im
inviertel…

Nachfolgende
te:
ziergang ▷▷

…und mit
ur

Und so ist dieses Lied einige Jahre später auf der Platte »Blues von den Tabus« verewigt worden.
Es folgten noch etliche LPs, darunter eine mit Wienerliedern, eine mit Nestroy- und Raimund-Couplets, und weitere mit Chansons, »I und mei Team« und »Sowie Sowinetz«.
Diese letzte Platte von Kurt wurde bei Polydor produziert. Unser Chef war Erich Turan, der uns während dieser Arbeit ein guter Freund geworden ist und mir auch heute noch mit Rat und Tat zur Seite steht. Das Fernsehen produzierte einige Personality-Shows, in denen die Chansons bildlich aufgelöst wurden.
Inzwischen hatte die Austro-Pop-Welle begonnen mit ihren großen Live-Konzerten, und es war ganz einfach notwendig, daß ein Sänger, der eine Platte herausbringt, auch vor Publikum auftrat. Kurt hatte wohl sehr viele Angebote für Live-Auftritte, aber er weigerte sich. Er wollte nicht, war ja gleichzeitig immer an einem Theater unter Vertrag – erst an der Josefstadt, dann an der Burg –, und man muß bedenken, daß er »nebenbei« viele Premieren und unzählige Vorstellungen zu spielen hatte und außerdem sehr oft vor der Kamera gestanden hat. Er war also von der Zeit her sehr eingeschränkt. Und außerdem war er ein absoluter Perfektionist. Er wollte sich nicht vor ein Publikum stellen, wenn er nicht genügend Zeit hatte, um ein Programm gründlich einzustudieren.
Außerdem »versteckte« er sich auf der Bühne immer gern hinter seinen Rollen, und der Ge-

danke, auf einmal als »Sowinetz« vor den Leuten zu stehen, machte ihm Angst. Kurt war trotz seines Berufes eher menschenscheu. Er hat die Intimität des Studios so gern gehabt. Auch wenn er im privaten Kreis gebeten wurde zu singen, wurde ihm ganz schlecht.

Einmal, Anfang der achtziger Jahre, wurde er von Maria Schell, die mit dem bekannten englischen Schauspieler Paul Scofield in Wien den Film *1919* drehte, nach Drehschluß mit der gesamten Crew und anderen Freunden zum Heurigen eingeladen. Sie bat Kurt, eines seiner Wienerlieder Paul Scofield vorzusingen. Kurt fiel das Herz in die Hose, aber er erlag ihren Überredungskünsten. Er war aufgeregt, als hätte er den König Lear zu spielen.

Er stellte sich also tatsächlich hin und sang das »Hobellied«. Auf einmal wußte er vor lauter Nervosität nicht weiter, da habe ich ihm souffliert.

Als die Sache ausgestanden war, dachte ich, daß jetzt endlich der gemütliche Teil des Abends beginnen würde. Doch Kurt war verschwunden. Ich fand ihn im Innenhof des Heurigen-Lokals, Arm in Arm auf und ab wandernd mit Paul Scofield. Kurt, der nie Englisch gelernt hatte, und Scofield, der kein Wort Deutsch verstand, haben sich wunderbar miteinander unterhalten.

Ich wollte nicht stören und ging an unseren Tisch zurück. Kurt kam nach etwa einer halben Stunde nach und sagte nur: »Der Scofield is ein toller Mann.«

Wenn wir schon beim Singen sind: Vielleicht hat das, worüber man sich einig ist, sogar in verschiedenen Sprachen dieselbe Melodie ...

– – – So für uns haben wir ja schon sehr viel herumgeblödelt, wie er sich immer ausgedrückt hat. Auf der Gitarre und auf dem Klavier. Er brachte mir einfache Melodien am Klavier bei: »Qué será« zum Beispiel, und das Schöne daran war, daß er überhaupt keinen Wert auf Fingersätze gelegt hat. Hauptsache, man hat ein bißl ein Gespür dafür gehabt. Auf der Gitarre brachte er mir die Griffe für »On the sunny side of the street« bei und sagte sie mir an, ganz so, wie er und Walter Kohut es in ihren Jugendtagen voneinander gelernt haben: A7, C, C7, G ... Ich war richtig stolz, als ich dieses Lied einmal ohne Unterbrechung durchspielen konnte, die »Hymne« der beiden.

> Snap your coat and grab your hat,
> leave your worries on the doorstep!
> Just direct your feet,
> on the sunny side of the street ...

WEINVIERTEL

Hierhin verschlug es uns, als wir uns nach zehn glücklichen Jahren vom Donau-Oder-Kanal verabschiedeten. Wir suchten ein Haus, in dem man das ganze Jahr über wohnen konnte, nicht nur in den Sommermonaten, und das nicht so eng war wie die Badehütte.

Zuerst sahen wir uns in der Umgebung des Donau-Oder-Kanals um, da wir in der Nähe der Muliars bleiben wollten. Es wurde dort tatsächlich auch ein Haus angeboten, das einer alten Frau gehörte, die mich Woche um Woche eingeladen hat, um jedesmal, wenn ich wiederkam, mehr Geld zu verlangen. Eines Samstags – die Dame konnte sich wieder einmal nicht entscheiden, ob sie das Haus hergeben wollte oder nicht – lud sie mich statt dessen zur Jause ein. Und setzte mir Kaffee mit Milch und Haut vor. Das war's dann, denn es gibt für mich nichts Grauslicheres als Milch mit Haut, nicht einmal Asseln in Schokoladesauce vom Qualtinger. Nach immerhin zwei bis drei Schluck verabschiedete ich mich schnell unter irgendeinem Vorwand, fuhr mit rotierendem Magen nach Hause, holte die Tageszeitung, die sich bereits im Mistkübel befand, zwi-

Vogelscheuche, Öl

schen den Küchenabfällen hervor und begann unter den Immobilienanzeigen nach etwas Neuem zu suchen. Da fiel mein Blick auf »Bauernhaus im Weinviertel zu verkaufen« und eine Telefonnummer. Ich rief an, wir konnten uns das Haus gleich am nächsten Tag anschauen.

Ein Bauernhaus aus dem Jahre 1915, ein Obstgarten mit alten Bäumen, ein Preßhaus mit einer alten Weinpresse, ein endlos langer, am Ende eingestürzter Weinkeller, ein Innenhof mit einem riesigen, halbvermoderten Misthaufen und einem

Ahornbaum in der Mitte und einem zweiten, der aus einer Mauer herauswuchs. Der ausgewachsene Baum und die alte abbröckelnde Mauer scheinen sich's auf ihre Weise miteinander über die Jahre arrangiert zu haben. Sie bilden eine skurrile Symbiose. Und alles in der herben, hügeligen Landschaft des Weinviertels, das von Touristen und Sommerfrischlern weitgehend verschont geblieben ist. Weil es nichts Spektakuläreres zu bieten hat als Sonnenblumenfelder.

Nach eineinhalb Jahren zogen wir ein – obwohl der Baumeister, den ich zu Rate gezogen hatte, nur lakonisch geäußert hatte: »Einen Caterpillar bestellen und niederwalzen.«

Für Kurt wurde das alte Haus im Weinviertel mit dem Obstgarten und dem Innenhof von da an und über die nächsten fünfzehn Jahre das eigentliche Zuhause. Auch dort richtete er sich eine Werkstatt ein und ließ sich von der Umgebung zu künstlerischer Tätigkeit inspirieren.

Ein neuer Brunnen mußte gegraben werden, und Kurt beobachtete mit großer Faszination den alten Mann, der eine Wasserader mit einer Wünschelrute aufspürte und schließlich die Quelle entdeckte. Er malte das Bild »Der Wünschelrutengänger«. Es war eines seiner ersten, die in dieser Gegend entstanden. Es folgten zahlreiche Ölbilder mit den diversen typischen Weinkellern und Kellergassen der Gegend als Thema. Dann gibt es da noch das Bild »Vogelscheuche«, die windverweht und etwas unheimlich, ja fast mystisch, auf einem Hügel zwischen Weinreben in der Frühlingssonne steht. Kurt ist mit Freunden, die zu Besuch gekommen waren und dieses Bild bewundert haben, gern zu jenem Weingarten gewandert, um ihnen zu beweisen, daß die Vogelscheuche tatsächlich existiert – auf einem dieser sanften Hügel, wo der Brünnerstraßler wächst, jener Wein, der so herb ist wie die Landschaft und für den Kurt jeden anderen, und mochte er auch noch so berühmt gewesen sein, links liegen ließ. Auch die Weizen- und Maisfelder, die blühenden Bäume und die Mohnblumen, die diese karge Landschaft im Frühjahr fast lieblich erscheinen lassen, lieferten unerschöpfliche Motive.

Doch noch bevor er all diese Bilder malte, verwendete er das Holz eines unserer Obstbäume, den wir leider umschneiden mußten, um daraus einen Christus am Kreuz zu schnitzen. Genau gesagt, einen Christus am Kreuz ohne Kreuz. Seine Arme sind ausgebreitet, er hat Nägel in Handflächen und Füßen, der Kopf mit der Dornenkrone ist heruntergesunken, so daß das Gesicht kaum zu sehen ist, aber das grausame Mordinstrument Kreuz fehlt. Deshalb hat man trotz dieser traurigen Haltung irgendwie das Gefühl, daß er mit seinen ausgestreckten Armen schwebt.

Ein Sandstein steht noch unbearbeitet im Innenhof in der Nähe des Brunnens. Es kam nicht mehr dazu, daß Kurt ihn in die Gestalt seiner Phantasie gebracht hätte. Der Stein ist ein Geschenk von Bibiana Zeller und Eugen Stark, dem Schauspielerpaar, das sich »zufälligerweise« ein paar Jahre vor uns in jenem Weinviertler Dorf angesiedelt hatte. Kurt hatte ja mit Bibiana gemeinsam die Schauspielschule Otto besucht. Beide waren in Kurts erstem fixen Engagement gemeinsam an der Josefstadt beschäftigt und standen im Jahre 1975 – gerade zu dem Zeitpunkt, wo wir unser Bauernhaus erworben hatten – zusammen auf der Bühne. Kurt spielte seine Antrittsrolle am Burgtheater.

Es hatte sich eingebürgert, daß wir uns sehr oft gegenseitig besucht haben und viele Jahre gemeinsam Silvester feierten. Auch unser Freund Kurt Werner, der früher Kapellmeister am Burgtheater war und wie kaum ein anderer bei Chansons begleiten konnte, war mit seiner Frau Inge bei diesen Anlässen öfter mit dabei. Kurt Werner hatte 1990 schon mit Handschlag ein Grundstück in unserem Dorf gekauft, damit wir öfter zusammensein könnten, doch noch bevor er den Vertrag unterschreiben konnte, verstarb er im Sommer dieses Jahres. Auf dem Grundstück wächst nun hohes Gras. Na ja ...

Jedenfalls setzten sich Kurt und er bei unseren Silvesterfeiern oft abwechselnd stundenlang ans Klavier und spielten bis in die frühen Morgenstunden hinein.

– – – Unsere Ponys durften um Mitternacht ein bißl Sekt aus der Hand schlecken »aufs neue Jahr« – unter den paar bunten Raketen über dem kleinen Dorf im Weinviertel.

Ponys. Diese zierlichen Pferde sind eng verbunden mit unserem Haus. Aber genau wie vor Hunden hatte mein Vater auch vor Pferden, ob groß oder klein, mächtigen Respekt, um nicht zu sagen, er hat sich vor ihnen gefürchtet. Er hatte als Kind ein paar schlechte Erfahrungen mit bissigen Brauereipferden gemacht.

Doch als wir uns für das alte Bauernhaus mit dem Obstgarten entschieden hatten, stellte sich – besonders für dich und mich – die »schwerwiegende« Frage: »Wohin mit den vielen Äpfeln, Birnen und Zwetschken im Herbst?« Weiters wäre es auch lästig, die vielen Quadratmeter Wiese regelmäßig mähen zu müssen. Mit Engelszungen überredeten wir meinen Vater zur einzigen vernünftigen Lösung dieser Probleme. Diese Lösung hatte vier Hufe, rotes Fell, blitzgescheite freche Augen unter einem üppigen roten Haarschopf und einen enormen Dickschädel: Eldur, der vierjährige Isländerwallach, zog unter Vaters skeptischen Blicken in den Obstgarten ein.

Doch Eldurs Charme sollte ihn bald eines Besseren belehren. Auch darüber, daß sich ein Pferd alleine einsam fühlt. So dauerte es nicht lange, bis Eldur Gesellschaft bekam von der schwarzen Stute Vinda. Vater gewöhnte sich bald an die beiden kleinen Pferde, die sich sehr schnell gut eingelebt hatten. Aber Vinda wurde zusehends dicker, was wir auf ihre Konsumierung der vielen Äpfel, Birnen und Zwetschken zurückführten. Das war jedoch nicht allein der Grund. Ein tierärztlicher

Test brachte die Wahrheit an den Tag. Vinda war trächtig, was wir nicht gewußt hatten, als wir sie kauften. Eines Abends im April legte sie sich vor unseren Augen – wir konnten sie vom Schlafzimmerfenster aus beobachten – unter einen blühenden Zwetschkenbaum und brachte ihr Fohlen zur Welt. Bjarmi. So wurden aus den zwei Obstgartenbewohnern drei.

Diese Erlebnisse waren für meinen Vater, den Großstadtmenschen, sehr einprägsam. Er beobachtete die kleine Herde vor unserem Haus viel und in aller Ruhe. Er hatte immer gedacht, Pferd ist gleich Pferd, und jetzt entdeckte er, wie verschieden ihre Charaktere, ihre Angewohnheiten waren. Bjarmi, der in aller Seelenruhe sämtliche Versperrungen von Zäunen und Türen öffnet und Knoten auflösen kann; Eldur, der mit seinem Hinterteil so lange gegen die Obstbäume schlägt, bis die reifen Früchte herunterfallen, und gelegentlich in die Küche oder ins Wohnzimmer spaziert kommt; und die sanfte, etwas scheue Vinda, die ihm besonders zugegangen ist, weil er ganz ruhig mit ihr geredet hat und die, wenn er im Garten gesessen hat, ihren Kopf über seine Schulter streckte und von seinem Bier gekostet hat. Das einzige, wozu wir ihn nicht bewegen konnten, war, gemeinsam mit uns das Weinviertel vom Rücken der Pferde aus kennenzulernen. Da zog er es vor, die Gegend zu durchwandern, mit beiden Beinen fest auf dem Lehmboden.

Die Ponys wählte er auch gern als künstlerisches

Motiv. Für die Hauswand hat er ein Relief gemacht, das Eldur zeigt, und für mich schnitzte er drei kleine Pferdchen aus Holz. Darunter eines mit rotem Schopf und Fell und frechen Augen. Heute, wo die Zeit des Spielens vorbei ist, stehen sie auf meinem Kasten und warten darauf, daß sie – falls ich selber Kinder haben sollte – kleine Hände wieder herunterholen und über die Möbel galoppieren lassen.

Die Ponys selbst stehen noch immer im Garten, mit etwas angegrauter Stirn und gemächlicheren Bewegungen. Sie gehören dorthin, wie die alten Obstbäume und die Jahreszeiten. Im Winter mit langem zotteligen und im Sommer mit kurzem, seidig glänzenden Fell. Sie gehören dorthin, wie sie auf einmal in das Leben meines Vaters gehört haben. Sie gehören dorthin, wie er ...

GEDANKEN ÜBER FILM UND THEATER

Kurt war beim Film absolut in seinem Element. Er schätzte es besonders, daß durch Großaufnahmen jede Gefühlsregung und auch die kleinsten Nuancen festgehalten werden konnten und der einzige Zuschauer, für den er zu spielen hatte, die Kamera war. Beim Drehen konnte er sich so konzentrieren, daß er das Drumherum des Aufnahmeteams überhaupt nicht wahrgenommen hat. Mit einem Wort, er liebte das Medium Film schon von Jugend an. Jean Gabin, Spencer Tracy, Charles Laughton, Ingrid Bergman, Schauspieler, die mit der Sparsamkeit ihrer Mittel, mit einer kleinen Geste, mit einem Blick, schlicht und einfach mit ihrem »Dasein« die Leinwand füllten, beeindruckten ihn tief. In dunklen Kinoräumen vor ihren Gesichtern in Schwarzweiß begann Kurt wahrscheinlich einmal in seiner frühen Jugendzeit vom Schauspielerberuf zu träumen.
Der Traum erfüllte sich, und Kurt war vom allerersten Fernsehspiel an, das in Österreich gesendet wurde, mit dabei. Damals wurde alles noch »live« ausgestrahlt. Ein Stück wurde vier Wochen lang probiert, dann wurde es wie ein Theaterstück durchgespielt und direkt übertragen.

Man kann sich vorstellen, was das für eine aufregende Sache war. Es gab keine Möglichkeit, eine Szene zu wiederholen, wenn etwas nicht klappte. Von ausgereiften technischen Mitteln war man damals noch meilenweit entfernt, und so mußte man jedesmal zittern, ob eine Übertragung vom Anfang bis zum Ende fehlerlos über die Runden gehen würde.

Von den unzähligen verfilmten Theaterstücken, Fernsehspielen und -filmen, die Kurt in seinem Leben gemacht hat, hier ein Auszug:

Der zerbrochene Krug von Kleist; *Die Hinrichtung* und *Alles gerettet* von Merz/ Qualtinger; *Der Himbeerpflücker, Die Herberge, Donadieu* und *Hotel du Commerce* von Fritz Hochwälder; *Defraudanten* von Alfred Polgar; *Die Zeit und die Conways* von J. B. Priestley; *Die Unbekannte aus der Seine* von Ödön von Horváth; *Biedermann und die Brandstifter* von Max Frisch; *Ein Monat auf dem Lande* von Iwan Turgenjew; *Feuerwerk* von Charell/Amstein/Burkhard; *An einem einzigen Tag* und *Mord im Krankenhaus* in der Serie »Tatort«; *3. November 1918* von Franz Theodor Csokor; *Comenius* von Oskar Kokoschka; *Der Bürger als Edelmann* und *Der Misanthrop* von Molière; *Die heilige Johanna* von G. B. Shaw; *Der Parasit* von Picard/Schiller; *Die Ratte* in der Serie »Der Alte«; *Der Schwierige* von Hugo von Hofmannsthal; *Wohin und zurück* und *Welcome in Vienna* von Georg Stefan Troller und Axel Corti; die Serie *Die Abenteuer des braven Soldaten Schwejk* nach Jaroslav Hašek; *Der Wald* von Alexander Ostrowskij; *Häuptling Abendwind* von Nestroy/Offenbach; *In Ewigkeit Amen* von Anton Wildgans; *Traumnovelle* nach Arthur Schnitzler; *Rote Weste* nach Roda Roda; *In Zeiten wie diesen* von Wolfgang Bauer; *Warten auf Godot* von Samuel Beckett; *Der Tod des Kleinbürgers* und *Eine blaßblaue Frauenschrift* nach Franz Werfel; *Das vierte Gebot* von Ludwig Anzengruber; *Das falsche Gewicht*, *Tarabas* und *Flucht ohne Ende* nach Joseph Roth und *Der Bauer als Millionär* von Ferdinand Raimund sowie die Fernsehspiele *Die Barbaren*, *Der Befehl*, *Die Toten schweigen*, *Endkampf*, *Die Enthüllung*, *Der letzte Werkelmann*, *Die Verspätung* und *Sonnenfinsternis*. Hinzu kommen die Personality-Shows *Wenn's mir die Welt zu kaufen gäb'n*, Komödienlieder von Nestroy; *Mei Team und i; So und net anders* und *Der Knopf im Taschentuch*, moderne Chansons; *Sonntag um sechs*, Narrenweisheiten aus Shakespeare-Stücken, und der Peter-Altenberg-Film *Der Narr von Wien*. Außerdem die sechsteilige Serie *Rette mich, wer kann – Bilanz des Monats* von Karl Farkas und verschiedene Kabarettsendungen.

Für das Altenberg-Fernsehspiel erhielt Kurt die »Goldene Nymphe« für die beste männliche Hauptrolle. Er hatte nicht einmal gewußt, daß *Der Narr von Wien* überhaupt bei einem Festival vertreten war. Als man ihn telefonisch verständigte, daß er diesen Preis erhalten würde, hörte er in seiner typischen Manier wieder einmal gar

nicht richtig zu und war der Meinung, er erhielte, aus weiß Gott welchen Gründen, irgendeine »Münze«. Erst später erfuhr er, daß es sich bei der »Münze« um eine »Nymphe« und eine internationale Auszeichnung handelte. Ein bißchen gerührt und glücklich war Kurt jedoch erst, als man ihm mitteilte, daß der Preis für die beste weibliche Hauptrolle an Bette Davis ging.
Der englische Regisseur von *Der Narr von Wien*, John Goldschmidt, dessen Vater aus Wien stammt, hat Anfang der achtziger Jahre dieses Projekt realisiert, das ihm ein großes Anliegen war: den Fernsehfilm über Peter Altenberg, den österreichischen Kaffeehausliteraten und »Hofnarren« der Wiener Gesellschaft, zu drehen, den Zeitgenossen von Arthur Schnitzler, Alfred Polgar, Egon Friedell, Hugo von Hofmannsthal, Sigmund Freud, Karl Kraus, Adolf Loos. Dieses Wiener Original in seiner ganzen kauzigen Skurrilität, in seiner Beziehung zu Frauen und seiner Existenz als Dichter in einem Kreis von Künstlern, die dieser Epoche zu einer Hochblüte der österreichischen Kultur verhalfen, sollte Mittelpunkt des Films sein, zu dem Felix Mitterer das Drehbuch schrieb. ORF und ZDF produzierten gemeinsam.
Man trat an Kurt mit der Bitte heran, für Probeaufnahmen zur Verfügung zu stehen, da man in diesem Fall natürlich auch die Besetzung der Rolle von einer größtmöglichen Ähnlichkeit des Schauspielers mit Peter Altenberg abhängig

machte. Es wurde ihm also der typische Schnauzbart geklebt, sonst relativ wenig Maske gemacht, und Kurt sah Altenberg auf Schlagtreffen ähnlich. Er hat die Rolle bekommen. Seine Partner waren Christine Golin, die Altenbergs Gefährtin Helga Malmberg spielte, sowie Heinz Marecek als Karl Kraus und Erwin Steinhauer als Egon Friedell.

Der Film wurde mit einem täglichen Riesenpensum in sechs Wochen abgedreht. Kurt hat sich in diese Rolle vergraben, Material über Altenberg genauso wie seine Bücher gelesen. Ab einem gewissen Alter las er nur noch im Zusammenhang mit einer Arbeit. Seine private Lektüre, um sich zu entspannen, war keine literarische, sondern er las zu diesem Zweck technische Sachbücher. Er informierte sich über den Bau von Dampfmaschinen, über Aquarellmalerei, die Herstellung von Ölfarben, wie sie die alten Meister verwendet haben – zum Beispiel Eitempera für ein besonders strahlendes Weiß, das er für seine Bilder benutzte –, verschlang Fachbücher über das Mikroskopieren, über Bildhauerei und über Instrumentenbau.

Altenberg war ein Dichter, der keine Romane, keine große Autobiographie, keine Dramen geschrieben hat. Er war der Meister des Feuilletons, der Kurzgeschichten, der geschliffenen, pointierten Gedankensplitter, im Kaffeehaus oder sonstwo eilig notiert, ein Kenner der Frauen – der adeligen wie der süßen Mädel aus dem Volk, der Töchter aus gutem Haus und der gefallenen

Engel. Über ein Lächeln im Vorbeigehn, über den Duft von weiblichem Haar konnte er »zeilenweise« ins Philosophieren geraten. Er schien die Frauen – und es waren viele, die ihn umgeben haben – besser zu verstehen als seine Geschlechtsgenossen. Er wollte sie – wenn man so will – emanzipiert sehen.

Altenberg lebte von Almosen seiner Freunde und Gönner, sagte ihnen aber trotzdem die Wahrheit. In Wien hieß es, er sei ein Narr. Der Narr von Wien – und das wurde auch der Titel des Films, und Kurts Beziehung zu Narren hatte auf ein neues eine Herausforderung, eine weitere Dimension gefunden. Es war eine sehr anstrengende Zeit, tagsüber wurde gedreht, abends hatte er oft Vorstellung, und da einige Nachtaufnahmen notwendig waren, mußte er manchmal nach der Vorstellung bis in die frühen Morgenstunden drehen.

Dazu kam, daß zu Ende der Dreharbeiten seine Mutter nach längerer Krankheit starb – sein Vater, der stille, bescheidene, hochmusikalische Geiger, einst zweiter Kapellmeister im Zirkus Renz, war eineinhalb Jahre zuvor völlig überraschend an einem Gehirnschlag gestorben. Wahrscheinlich hat Kurts Mutter den Tod ihres Mannes nie verwunden und ist ihm deshalb so bald gefolgt. Kurts Gedanken und Gefühle waren zu diesem Zeitpunkt natürlich sehr in diese Richtung gelenkt, und man kann sich vorstellen, wie schwierig es für einen Schauspieler ist, in einer solchen Situation trotzdem konzentriert bei seiner Arbeit zu

bleiben. Kurt war nicht der Mensch, der über solche Dinge viel gesprochen hat, aber was ging ihm alles im Zusammenhang mit dem Tod seiner Mutter durch den Kopf: seine ganze Jugend, sein Werden, sein Leben. Und dann sein Beruf, der den absoluten und gnadenlosen Einsatz der Gefühle und des Herzens verlangt! Dieser Beruf, der aber auch die schönste Möglichkeit bietet, Empfindungen und Erfahrungen ein Zuhause zu geben.
»Reißt die Käfige nieder« – das ist eine zentrale Stelle des Films, in der Altenberg, todunglücklich über die traurige Gefangenschaft der Tiere im Zoo, auf sein eigenes Wesen schließt, auf die Gefangenschaft der Menschen, verursacht durch Menschen, und die Gefangenschaft der Menschen in sich selbst.
Am Ende des Films geht Altenberg, halb Wahnsinniger, halb Hellsichtiger, in einem capeartigen Umhang durch die Gassen Wiens. Er beginnt mit seinen Armen zu schlagen, beinahe zu flattern wie ein Vogel, der davonfliegen will – alles ist nur angedeutet, aber man sieht bei der letzten Einstellung den festen Willen dazu in Kurts Augen.

Das Theater. Es bedeutete für ihn: oft lange Probenzeiten; eine im Laufe der Jahre immer häufiger werdende Notwendigkeit, sich in Bühnenräumen zurechtzufinden, die nicht selten nur noch dem Selbstzweck dienten, ja sogar verlangten, daß der Schauspieler sich ihnen unterzuordnen hatte, und nicht umgekehrt; ein Sich-Herumschlagen mit »originellen« Auffassungen von Stücken, dem krampfhaften Es-anders-machen-Wollen einiger Regisseure, nicht aus einer inneren Erfahrung heraus, sondern nur um Zeitgeist zu beweisen.

Trotzdem muß man sagen, daß Kurt, was das Theater betraf, in keiner Weise konservativ war. Er war als erster bereit, ausgetretene Wege zu verlassen, um sich auf neues Terrain zu begeben. Doch dieses Terrain mußte sich im grenzenlosen Lande der Phantasie, der menschlichen Seele befinden und nicht unter der intellektuellen Diktatur der Zeigefingerpolitik.

Kein Mensch käme auf die Idee, die »Mona Lisa« umzumalen, nur weil sich ihr Lächeln seit Jahrhunderten nicht verändert hat und man heute anders lächelt als damals, meinte er oft im Spaß. Ein Stück von Shakespeare im großen und ganzen so zu nehmen und zu spielen, »wie es dasteht«, fand er, würde durchaus Arbeit und Anspruch genug sein, heute würde es ohnehin kein Mensch mit denselben Augen betrachten und demselben Hirn verarbeiten wie damals. Weil sich die Zeit dazwischengeschoben hat und jeder ganz von alleine anders hinschaut und nachdenkt. Shakespeare läßt in seinen Stücken sehr viel Raum für Projektionen, Interpretationen, gleichzeitig hat er aber auch etwas geschaffen, was dessen eigentlich gar nicht bedarf, was im Zuseher, im Leser etwas anderes anspricht und trifft als Auge und Verstand. Etwas, das es absolut nicht nötig hat, zurechtgebogen, adaptiert und aktualisiert zu werden. Im Innern des Menschen sieht es nämlich gar nicht soviel anders aus, seit Mister William Shakespeare seine Feder aufs Papier gesetzt hat. Nenne man es wie auch immer. Pathetisch ausgedrückt, trägt jedes Shakespearestück einen Funken Ewigkeit in sich, dagegen wirkt unser »theatermacherischer« Zeitgeist wie eine kleine, müde Eintagsfliege.

Dennoch blieb Kurt nie stehen. Seine Einstellung zu den vielfältigen Möglichkeiten des Theaters wandelte sich ständig. Er blieb ein Suchender, der sich nie selbstzufrieden am Ende aller Einsichten angekommen glaubte.

Das, was die Bühne dem Film voraus hat, ist das immer wieder neue, spontane Zusammenwirken von Schauspielern und Publikum sowie die Notwendigkeit, den ganzen Bogen einer Figur immer wieder neu herzustellen, Abend für Abend, nicht aufgeteilt auf mehrere Drehtage. Aber eben auch die Möglichkeit, noch nach der Premiere im Verlauf von vielleicht siebzig Vorstellungen neue Dimensionen einer Figur zu entdecken und dazuzugewinnen. Und dabei manchmal zu erleben, wie der berühmte Funke im mucksmäuschenstillen Zuschauerraum überspringt. Dann, sagte er, ist dieses Gefühl des Schauspielers mit nichts zu vergleichen und auch nicht durch die subtilste Szene vor der Kamera zu ersetzen.

Theater entsteht aus dem Augenblick. Alles, was der Schauspieler »da oben« auf der Bühne macht,

wird »von unten« sofort bejaht oder abgelehnt, mit Räuspern und Husten untermalt oder mit Anteilnahme und Aufmerksamkeit belohnt.
Erfolge oder Mißerfolge vorauszusagen ist eine äußerst vage Angelegenheit. Kurt hielt nichts von Spekulationen vor einer Premiere. Wie oft hatte er es erlebt, daß ein von allen prophezeiter Mißerfolg sich in stürmischen Schlußapplaus und viele Vorhänge verwandelte. Auch was programmierte Erfolge betraf, blieb er immer skeptisch.
Theaterspielen beinhaltet eben immer einen Unsicherheitsfaktor. Und der macht einen Teil der Spannung aus, die nun einmal dazugehört. Und zwar bei jeder Vorstellung. So war jeder Abend für Kurt eine kleine Premiere.
Kurt ist nie ein Publikumsliebling gewesen, wie manche seiner Kollegen, die schon, wenn sie nur einen Fuß auf die Bühne setzten, Auftrittsapplaus bekamen. Er ist kaum je als »der Sowinetz« auf die Bühne gekommen, sondern eigentlich immer versteckt hinter dem jeweiligen komischen, tragischen, bösartigen, sensiblen Charakter, verkrochen in dem Menschen, den er darzustellen hatte. Außerdem war er durch sein ganzes Wesen, seine Ausstrahlung eher dazu prädestiniert, brüchige Charaktere zu spielen, die Figuren mit den Ecken und Kanten, kleinere Rollen und Chargen, weniger die strahlenden Helden, die Sympathieträger.
An dieser Stelle müssen wir auch gestehen, daß wir gerade hier draufgekommen sind, hauptsächlich von Kurts Erfolgen berichtet zu haben. Da

steckt nichts Bewußtes, keine Absicht dahinter. Vielleicht ein sehr subjektives Zurückschauen.

Es gab natürlich Rollen, die nicht »aufgegangen« sind, Mißerfolge, schlechte Kritiken, Stücke, die beim Publikum nicht die erhoffte Resonanz gefunden haben. Zeiten der Selbstzweifel, in denen man dachte, die Karriere geht nicht weiter.

Wenn diese Erfahrungen hier vielleicht zu kurz gekommen sind, dann deshalb, weil durch Aufrappeln und Weitergehen und -suchen die schönen Seiten dieses Berufes sich immer wieder vor die Enttäuschungen geschoben haben.

Fixe Engagements unter den verschiedensten Direktionen und Intendanzen haben ihm oft gute Fernsehspiele »vermasselt«, auch wenn sich an dem jeweiligen Haus gerade keine adäquate Aufgabe bot. Es gingen viele Rollen, die er am Theater gerne gespielt hätte, an ihm vorbei, denn aus Stolz – und mangelndem Ehrgeiz – ging er in einem solchen Fall lieber den Weg des geringsten Widerstandes.

Doch hier ist nicht der Ort dafür, all das aufzudekken, aufzuzählen, Namen zu nennen. Kurt hätte es auch nicht getan. Er zog sich lieber in sein Schneckenhaus zurück und focht dort Kämpfe mit sich selber aus, bei denen keinem Zuschauer der Eintritt gewährt war.

BURGTHEATER

Bevor Kurt das Angebot des damaligen Direktors Gerhard Klingenberg, ans Burgtheater zu kommen, im Jahre 1975 angenommen hat, sind wir drei Nächte lang gesessen und haben überlegt, ob er tatsächlich von der Josefstadt weggehen soll. Er fühlte sich dort wohl, hatte viele schöne Rollen gespielt. Er war eigentlich recht zufrieden, wie's im Augenblick war. Das Burgtheater war in jedem Fall eine »große Unbekannte«, anonym, riesig, mit vielen Menschen. Und Kurt hatte es sehr gut getan, daß in der Josefstadt jeder jeden kannte, daß man um seine künstlerische Qualität wußte, daß man ihn einsetzte, ohne daß er hätte etwas dazutun müssen. So war da die Befürchtung, sich zu »verlieren« in dem großen Ensemble des Staatstheaters. Nicht ganz zu Unrecht.

Es war Kurts Prinzip, sich nie um eine Rolle zu bewerben. Diesen Luxus, wie er zu sagen pflegte, wollte er sich weiterhin leisten. Tatsächlich mußte er sich, als er bereits ein Jahr am Burgtheater engagiert war und zu einem Gespräch mit dem designierten Direktor Achim Benning gebeten wurde, erst beim Portier erkundigen, wie man in die Di-

rektion kommt. Er hatte schlicht und einfach den Weg dorthin vergessen.
Zuallererst: Kurts Befürchtung, er würde in dem Riesenapparat untergehen, bewahrheitete sich nicht. Er wurde in den folgenden Jahren in vielen schönen Rollen eingesetzt. Ein künstlerischer Vorteil war es, daß Klingenberg auf Kurts Forderung eingegangen war, nicht mehr als drei Rollen in der Saison spielen zu müssen. Diesen Wunsch hatte er deshalb geäußert, weil er Angst vor dem Repertoiretheaterbetrieb hatte, bei dem ein Stück oft über zwei Jahre am Spielplan bleibt und so im Laufe der Zeit sehr viele Rollen zusammenkommen würden. In der Josefstadt war ja ein Stück nach vierzig bis fünfzig Vorstellungen abgespielt, und das in einer relativ kurzen Zeitspanne.
Für Kurt wurde es in den Jahren am Burgtheater zu einem richtigen Problem, wenn die Abstände zwischen zwei Vorstellungen eines Stückes manchmal bis zu drei Wochen betrugen. Für ihn war's dann jedesmal fast eine Premiere. Überhaupt ist es für ihn im Laufe der Jahre immer komplizierter geworden, was die Vorstellungen am Abend betraf. Er hat empfunden, daß, je älter man wird und je mehr man gespielt hat in seinem Leben, es nicht leichter, sondern schwieriger wird.
Irgendwann hat es begonnen, daß er nur noch ganz selten ein Fernsehen angenommen hat, wenn er abends zu spielen hatte. Schon in der Josefstadt-Zeit haben wir vor jeder Vorstellung

nachmittags den Text zusammen durchgearbeitet. Der Text darf kein Problem sein, meinte er, man muß ihn »von vorn nach hint' und von hint' nach vorn« können. Er ist immer extrem früh ins Theater gegangen, er hat gesagt, er muß sich langsam »anschleichen« können. An das Haus, an die Figur, die man zu spielen hat, an die Rituale, die mit einer Vorstellung zusammenhängen, und nicht zuletzt an sich selbst. An dieses Ich, das mit dem Ich zu Hause relativ wenig gemeinsam hat: keine Familie, keine Werkstatt, keine Staffelei, keine Innenhofidylle im Weinviertel.
Auch wenn man sich privat wohl fühlt, ist es oft sogar fast hinderlich, sich auf einen Abend einzustellen, meinte er. Denn Theaterspielen muß manchmal weh tun.
Und nicht die Ansprüche, die die anderen stellen, sondern die eigenen werden immer größer!
In einem meiner letzten Gespräche, die ich mit Erich Neuberg vor seinem Selbstmord geführt habe, hat er gesagt: »Paß ma am Kurti auf, der geht so leicht auf die Substanz!« Ich habe versucht aufzupassen. Ob's mir gelungen ist, ich weiß es nicht ...
Als Kurt das erste Mal als engagiertes Mitglied das Haus am Ring betreten hat, lag bereits Post beim Portier. Man übergab ihm eine Karte ohne Absender mit den Worten: »Gratuliere! Wieder ein Prolet mehr am Burgtheater!« Ein hoffnungsvoller Beginn.
Das Burgtheater! Das ist kein Haus, über das man

sagen kann, man baut sich dort ein Abstellkammerl zu einer kleinen Garderobe – zur »18er« – um. Es ist auch kein Haus, wo sich nebenan ein Hillebrand befindet, bei dem man ein Viertel Wein trinkt im Hinterzimmer und redet. Es hat nicht jene familiäre Atmosphäre der Josefstadt zu bieten, die Kurt erlebt hatte. Das Burgtheater war gewöhnungsbedürftig.

Doch das Burgtheater hat eine Kantine. Und da es ja weniger auf das Drumherum als auf die Menschen ankommt, mit denen man zusammen ist, wurde diese eher ungemütliche, kühle Kantine langsam der Ort, an dem Kurt gesessen ist mit Kollegen, Freunden. Oft war er auch am Tisch der Technik anzutreffen, wo er sich Tips holte für den Bau seiner diversen Maschinen.

Kurts Antrittsrolle an der »Burg« war im Jänner 1976 der Clov in *Endspiel* von Samuel Beckett unter der Regie von Erwin Axer. Seine Partner waren Kurt Beck, Bibiana Zeller und Heinz Fröhlich.

Diese Aufführung war für Kurt als Einstand ein ziemlicher Kraftakt. Man gab das *Endspiel* im kleineren Haus der Burg, im Akademietheater, wo man eher Experimente wagte. Trotzdem standen solche »schweren Brocken« damals noch keineswegs auf der Tagesordnung. Auch nicht im Akademietheater. Gegen *Endspiel* nimmt sich *Warten auf Godot* geradezu als unterhaltendes Lustspiel aus. Es ist schwieriger, trister, deprimierender und verlangt dem Zuschauer einiges ab.

Obwohl *Endspiel* bei der Premiere ein Erfolg war, also bei Publikum und Presse im großen und ganzen gut angekommen ist, gab es Abende, an denen die Zuschauer absolut nichts mit dem Stück anzufangen wußten. Die Schauspieler hatten dann große Mühe, die Vorstellung unter dem Protest des Publikums durchzuziehen.

Eines Abends wurde es besonders schlimm, die Zwischenrufe wurden allzu lautstark, und da hat es Kurt plötzlich gereicht. Er und Kurt Beck, der seine ganze Rolle im Rollstuhl sitzend zu spielen hatte, waren in diesem Stück dauernd auf der Bühne. So beschloß Kurt, der Störaktion ein Ende zu bereiten, indem er zu seinem Partner sagte: »Kurti, wir gehen« und ihn mit dem Rollstuhl von der Bühne schob. Der Vorhang mußte fallen. Er rief mich zu Hause an und teilte mir mit, ich könne ihn schon früher abholen, da er die Vorstellung abgebrochen habe. Doch einstweilen hatten sich im Zuschauerraum ohne sein Wissen zwei Gruppen gebildet, und es fand ein Duell zwischen »Pfui«- und »Bravo«-Rufern statt, die die Vorstellung zu Ende sehen wollten. Schließlich überwogen die positiven Stimmen und der Applaus. Die Pfui-Rufer verließen das Theater, und man entschloß sich, weiterzuspielen. Es wurde noch ein sehr guter Abend mit den restlichen Zusehern.

Aber diese Erfahrung saß Kurt in den Knochen, und er wurde jedesmal schon zwei Tage, bevor *Endspiel* angesetzt war, nervös. Von da an war er der Meinung, sein Soll an Rollen in experimen-

tellen Stücken – wenn man die vielen Volkstheater-Sonderabonnement-Vorstellungen dazurechnet – eigentlich erfüllt zu haben.
Sein zweites Stück am Burgtheater war weit weniger nervenzerfetzend. Er spielte den Kulygin in Tschechows *Drei Schwestern* unter der Regie von Otto Schenk.
Im Jahre 1976 wurde Gerhard Klingenberg abgelöst von Achim Benning. Kurts erste Premiere unter der neuen Direktion war am 7. April 1977 *Biedermann und die Brandstifter* von Max Frisch, inszeniert von Leopold Lindtberg, ein Stück, das er zuvor schon im Volkstheater und fürs Fernsehen zusammen mit Fritz Muliar und Helmut Qualtinger gespielt hatte. Diesmal waren seine Partner Heinz Reincke und Heinrich Schweiger, beide gute Freunde, die er schon lange kannte. Mit Heinz Reincke war er befreundet, seit sie im Jahre 1963 auf der Insel Krk gemeinsam *Warten auf Godot* gedreht hatten, und mit Heinrich Schweiger seit jenen unbeschwerten Tagen in Salzburg mit dem »Iffland-Gebiß«.
Dazwischen war er mit beiden des öfteren vor der Kamera gestanden, auf der Bühne aber trafen sie erst jetzt wieder zusammen.
Die nächste Produktion an der Burg mit Kurt kam am 16. Juni 1977 heraus. Es war Sean O'Caseys *Juno und der Pfau*, abermals unter der Regie von Otto Schenk. Hier stand Kurt mit zwei der ganz ganz großen Schauspielerinnen des Burgtheaters auf der Bühne: Paula Wessely und Alma Seidler.

In den zehn Jahren, in denen Benning Burgtheaterdirektor gewesen ist, hatte Kurt Gelegenheit, mit interessanten internationalen Regisseuren zusammenzuarbeiten. Auch weiterhin gelang es ihm nicht, der schweren Kost aus dem Weg zu gehen. Man holte ihn besonders gerne für schwierige Produktionen, bei denen man im vorhinein natürlich nicht im geringsten abschätzen konnte, ob sie beim Publikum überhaupt Anklang finden würden.
Ein Grund, warum Kurt diese Risiken doch immer wieder eingegangen ist, war der englische Regisseur Peter Wood. Kurt war sehr angetan von seiner »englischen Art«, an ein Stück heranzugehen.
Peter Wood und Terry Hands, unter dessen Regie Kurt den Thersites in Shakespeares *Troilus und Cressida* spielte, gingen mit einer großen Selbstverständlichkeit mit schwierigen Texten um, mit Leichtigkeit – es mangelte ihnen an tierischem Ernst.
Dreimal arbeitete Kurt mit Peter Wood zusammen. Die erste Inszenierung war *Travesties* von Tom Stoppard, Kurt spielte den Lenin. Er studierte anhand von Biographien und Fotos dessen Charakter, Körperhaltung und Gesichtsausdruck so genau, daß er ihm schließlich mit gar nicht viel Maske sehr ähnlich gesehen hat. Dazu ein Kommentar von Heinrich Schweiger, der während des Burgtheater-Gastspiels 1981 in Moskau durch die Straßen schlenderte: »So eine Frechheit, überall,

wo man da hinkommt, hängt ein Bild vom Sowinetz!«

Beim zweiten Mal spielte Kurt unter der Regie von Peter Wood den diktatorischen Präsidenten Magiba eines imaginären afrikanischen Staates, wieder in einem Stück von Tom Stoppard, *Night and Day*. Es bedurfte einiger Überredungskünste von Peter Wood, bis Kurt schließlich einwilligte, diese Rolle zu spielen. Denn Magiba mußte ein Schwarzer sein.

In Wien gab es sprachliche Probleme, die Rolle authentisch zu besetzen, deshalb kam Wood auf die Idee, Kurts Wandlungsfähigkeit auszunutzen, der dieser Idee anfangs äußerst skeptisch gegenüberstand. Das Argument, Othello würde schließlich auch meistens von einem Weißen gespielt, hatte ihn nicht überzeugt. Er meinte, bei dem Klassiker Shakespeare sei man es nun einmal so gewohnt, während es sich bei *Night and Day* um ein äußerst realistisches modernes Stück handle, bei dessen Uraufführung in London Präsident Magiba ja auch von einem Schwarzen verkörpert worden sei. Erst als es Wood gelang, Kurt zu einer Maskenprobe zu locken, nach deren Ergebnis er selbst entscheiden sollte, ob er die Rolle spielen wollte oder nicht, hatte er ihn fast überredet. Denn von dem Moment an, da auf Kurt kein Druck, kein Muß lastete, war er ohnehin beinahe zu allem bereit.

Der Maskenbildner leistete gute Arbeit, und als Kurt dann noch eine dunkle Brille aufsetzte, um

Dienstag, 25. Jänner 1983 *Akademietheater*

VORAUFFÜHRUNG

Das Treibhaus

von	Harold Pinter
Deutsch von	Heinrich M. Ledig-Rowohlt
Roote	Kurt Sowinetz
Gibbs	Hannes Siegl
Lamb	Peter Wolfsberger
Miss Cutts	Gertraud Jesserer
Lush	Wolfgang Hübsch
Tubb	Oswald Fuchs
Lobb	Kurt Beck
Inszenierung	Peter Wood
Bühnenbild und Kostüme	Carl Toms
Lichtgestaltung	Robert Bryan
Dramaturgie	Klemens Renoldner
Regieassistenz	Georg Soulek
	Jenny Kenéyz
Technische Einrichtung	Friedrich Schlanzar
	Walter Kernecker
Beleuchtungseinrichtung	Johann Lascsak
	Erich Zöllner
Inspizient	Rudolf Sterner
Souffleuse	Erika Holzinger
Akustik	Kurt Steinböck
Maske	Trude Rathschopf
	Peter Kottinger
Dekorations- und Kostümherstellung	Werkstätten der Bundestheater
Pause	nach dem fünften Bild
Beginn	19.30 Uhr
Ende	etwa 22.30 Uhr
Bühnenrechte	Rowohlt Verlag GmbH., Reinbek bei Hamburg
Programmdienst der Bundestheater	Telefon 15 18
Preis des Programms	S 15,–

Besetzungszettel »Das Treibhaus« von Harold Pinter, Akademietheater, Wien 1983

seine hellen Augen zu verdecken, war er selbst verblüfft über das Gesicht, das ihm aus dem Spiegel entgegenblickte. Es reizte ihn jetzt, den Versuch zu wagen, sich in die Körperlichkeit, die Bewegungsart, vor allem aber in die Seele eines Schwarzen hineinzufühlen. In jedem Fall hatte er bei dieser Figur die Möglichkeit, sein Faible für das Verstecken hinter einem durch und durch anderen Menschen voll auszukosten.

Nach den Vorstellungen von *Night and Day* schminkte er sich nie in der Garderobe ab, es dauerte ihm bei der dunkelbraunen Fettschminke zu lange. Er zog es vor, den Magiba erst zu Hause in der warmen Badewanne herunterzuschrubben. Wenn ich ihn vom Theater abholte, stieg er also in voller Maske, so wie er von der Bühne abgegangen war, ins Auto ein.

Eine hübsche Geschichte am Rande: Meine Mutter wurde am Brunnenmarkt – wir wohnten damals noch im 16. Bezirk – vorsichtig und diskret gefragt, ob ihr Schwiegersohn sich vielleicht beruflich im Ausland befinde. Als sie mir etwas ratlos von diesen merkwürdigen Anspielungen erzählte, wurde mir relativ schnell klar, was der Grund dafür war. Einige aufmerksame Ottakringer hatten spätabends hinter ihren Vorhängen beobachtet, daß ich zwei- bis dreimal in der Woche mit einem »Neger« nach Hause gekommen bin.

Die dritte gemeinsame Arbeit mit Peter Wood war *Das Treibhaus* von Harold Pinter, ein skurriles, etwas unheimliches Stück. Das Wiener Publikum

stand dieser Aufführung etwas ratlos gegenüber. Trotzdem spielte Kurt dieses Stück sehr gerne, weil ihm der sarkastische englische Humor mit seiner zwischendurch aufflackernden Tragik sehr gelegen hat.
Kurt schätzte an den englischen Regisseuren sehr, daß sich bei der Arbeit keine endlos ausufernden, kopflastigen Diskussionen ergaben, die zu dieser Zeit schon durchaus an der Theatertagesordnung waren. Man konnte mit Kurt zwar stundenlang und nächtelang bei Wein und Zigaretten über Stücke phantasieren, spintisieren, nachdenken, doch so manches unsinnliche, intellektuelle Zerreden konnte ihm die Freude über eine Geschichte, über eine Figur gründlich verderben. Er hielt sich gern an einen Ausspruch Leopold Rudolfs: »Kinder, macht's keine Wissenschaft draus, spielt's!« Es muß immer ein Geheimnis dabeibleiben, sagte Kurt, etwas, das man auch mit tausend Worten nicht erklären kann. Etwas, das passiert, wenn man da oben steht, mit unzähligen Scheinwerfern beleuchtet, von unzähligen Augen beobachtet. Allein. Etwas, das man nicht greifen, nicht erzwingen kann. Etwas, das einem von irgendwoher geschenkt wird.
Wenn Kurt in einer Probenarbeit steckte, beschäftigte er sich eigentlich den ganzen Tag mit seiner Rolle. Er hat nur nicht gern darüber gesprochen. In solchen Zeiten sperrte er seine Werkstatt zu, legte Pinsel und Leinwand oder Zeichenblock zur Seite und bekam wieder seine armen, wei-

Mittwoch, 13. Oktober 1982 Burgtheater

Sommergäste

Bilder von	Maxim Gorkij
Aus dem Russischen von	Andrea Clemen
Einrichtung des Burgtheaters	
Basov, Sergej Vasiljevič, Rechtsanwalt	Norbert Kappen
Varvara Michajlovna, seine Frau	Erika Pluhar
Kalerija Vasiljevna, Basovs Schwester	Gertraud Jesserer
Vlas Michailovič Černov, Varvaras Bruder	Helmut Rühl
Suslov, Petr Ivanovič, Ingenieur	Wolfgang Gasser
Julija Filippovna, seine Frau	Elisabeth Orth
Dudakov, Kirill Akimovič, Arzt	Heinrich Schweiger
Olga Alekseevna, seine Frau	Maresa Hörbiger
Šalimov, Jakov Petrovič, Schriftsteller	Ernst Jacobi
Rjumin, Pavel Sergeevič	Kurt Sowinetz
Marja Lvovna, Ärztin	Inge Konradi
Sonja, ihre Tochter	Claudia Schmidt-Frenkel
Doppelpunkt, Semen Semenovič, Suslovs Onkel	Johannes Schauer
Zamyslov, Nikolaj Petrovič, Basovs Gehilfe	Florentin Groll
Zimin, Student	Peter Wolfsberger
Pustobajka, Wächter	Kurt Schossmann
Kropilkin, Wächter	Herbert Kucera
Saša, Dienstmädchen bei Basovs	Heidi Baratta
Frau mit der verbundenen Backe	Hella Ferstl
Herr Semenov	Fritz Grieb
Dame im gelben Kleid	Gabriele Buch
Junger Mann im karierten Anzug	Heinz Zuber

Inszenierung	Achim Benning
Bühnenbild	Matthias Kralj
Kostüme	Leo Bei
Musik	Fred Jakesch
	Tom Telepak
	Luke Tobin
	Georg Wagner
	Kurt Werner
Dramaturgie	Rudolf Weys
Regieassistenz	Georg Soulek
	Gerhard Fischer
Inspizienten	Leopold Finz
	Ewald Pokorny
Souffleuse	Lieselotte Omann
	Ernestine Fiala
Technische Einrichtung	Friedrich Schlanzar
	Herbert Kratochvil
Beleuchtungseinrichtung	Ernst Prawetz
Akustik	Friedrich Watzek
Maske	Herta Ecker
	Erhard Rieger
Dekorations- und Kostümherstellung	Werkstätten der Bundestheater
Pause	nach dem zweiten Akt
Beginn	19 Uhr
Ende	etwa 22.45 Uhr
Bühnenrechte	Verlag der Autoren, Frankfurt am Main
Programmdienst der Bundestheater	Telefon 15 18
Preis des Programms	S 15,–

Besetzungszettel »Sommergäste« von Maxim Gorkji, Burgtheater, Wien 1982

chen Schauspielerhände. Unmittelbar danach, wenn die Premiere vorüber war und wir uns in der Kantine verabredet hatten, saß er da, ganz in sich zurückgezogen, unter einem Glassturz, unter dem höchstens ein kleines Bier Platz gefunden hat. Er wollte über nichts reden, das in irgendeiner Weise mit dem vorangegangenen Abend zu tun hatte. Er wollte keine Fragen über das Stück, keine kritischen Aspekte, keine Lobhudelei. Von außen sah er ganz einfach aus wie ein Mensch, der seine Ruhe haben will. Wie er innen drin aussah, läßt sich höchstens vermuten. Leer, ausgebrannt, müde vielleicht. Manche der berufsfremden Menschen, die sich nach einer Premiere scharenweise in die Kantine verirrten, waren bei diesem Anblick ratlos.

Ich weiß nur so viel: Es gab nichts zu erklären.

Zurück zu den Produktionen der Burg. Unter der Regie von Achim Benning spielte Kurt ebenfalls viele interessante Rollen. Da waren zum Beispiel Maxim Gorkijs *Sommergäste.* Kurt sagte manchmal, er habe eine russische Seele; er liebte Rußlands Dichter und besonders die russische Musik: Schostakowitsch, Rachmaninow, Tschaikowsky. Mit den Worten und Gedanken der russischen Dichter, den Melodien der Komponisten, die mir oft zu wehmütig sind, genau mit dieser Traurigkeit fühlte er sich verwandt.

Sommergäste ist ein Stück über wohlhabende Menschen vor der russischen Revolution. Menschen, welche die Sommer in ihren Landhäusern mit ihren kleinen aufgeblasenen Problemen verbringen und an der Wirklichkeit vorbeileben als Sommergäste in ihrem eigenen Land, tragikomische Figuren, der eine mehr, der andere weniger. Kurt war der unglücklich verliebte Rjumin, der Selbstmord begehen will, doch nicht einmal dazu fähig ist. Er trifft versehentlich statt in sein Herz in die Schulter. Eigentlich wieder so ein tragischer Clown wie bei Beckett, der keinen Strick dabei hat, um sich aufzuhängen. Oder der Shakespeare-Narr, der statt dessen gelernt hat, ein Lied zu singen darüber, wie's ja doch immer wieder weitergeht: »Hopp heißa, bei Regen und Wind ...«

Damals, als Kurt mit diesem Stück 1981 auf Gastspiel in Moskau war, verließ er, obwohl ihm das russische Gemüt so vertraut war, kaum das Hotelzimmer. Er legte sich ins Bett, zog die Decke über den Kopf und ging nur zu den Vorstellungen direkt ins Theater. Er hatte keine Lust, zu seinem privaten »Vergnügen« durch Moskau zu spazieren – damals war von Glasnost und Perestroika ja noch keine Rede. Er fühlte sich auch auf den diversen Botschaftsempfängen unwohl. Beim Anblick der üppigen exklusiven Buffets fielen ihm die armen »Deschurnajas« ein, die im Hotel die Aufsicht über je ein Stockwerk hatten und überglücklich waren, wenn man ihnen einen Kugelschreiber oder ein Paar Strümpfe schenkte. Er fühlte sich unfrei in diesem Land, hatte seine Gedanken über die persönliche Freiheit seit dem

Zweiten Weltkrieg nicht geändert. Egal, gegen welche Autorität.
Weitere Produktionen mit Kurt unter der Regie von Achim Benning waren Feydeaus *Einer muß der Dumme sein*, die Uraufführung von Klaus Pohls *Das Alte Land*, Büchners *Dantons Tod*, Ibsens *John Gabriel Borkman* und Nestroys *Umsonst*. In dieser Posse spielte er, zusammen mit seinen jungen Kollegen und Freunden Karlheinz Hackl und Robert Meyer, den Herrn von Finster, bemerkenswerterweise seine einzige Nestroy-Rolle in sechzehn Jahren Burgtheater. Seine letzte Zusammenarbeit mit Benning war wieder für ein russisches Stück: Gorkijs *Kinder der Sonne*. Wie sich die Kreise schließen! Dabei fielen *Umsonst* und *Kinder der Sonne* schon in die Ära Claus Peymann als Burgtheaterdirektor.
Weiters spielte Kurt in der Direktion Benning in Schnitzlers *Professor Bernhardi* unter der Regie von Angelika Hurwitz, in Dürrenmatts *Die Physiker*, Regie Jürgen Bosse, Molières *Don Juan*, Regie Benno Besson, Elias Canettis *Komödie der Eitelkeit*, Regie Hans Hollmann, und in Franz Werfels *Jacobowsky und der Oberst*, Regie Otto Schenk.

JACOBOWSKY

Das war eine weitere wesentliche Rolle für Kurt. Er spielte sie 1983 am Burgtheater unter der Regie von Otto Schenk. Seine Partner waren Klausjürgen Wussow als Oberst, Michael Janisch und Sylvia Lukan.

Der Jacobowsky ist eine Figur, die sich nahtlos einfügt in den Reigen der Shakespeare-Narren, des Onkel Gustav im *Feuerwerk*, des Estragon, des Peter Altenberg. Sie haben, mit ihren unterschiedlichen Schicksalen, doch alle eine gemeinsame seelische Grundhaltung, und Kurt zogen diese halb tragischen, halb komischen Charaktere magisch an. Als wären ihre Geschichten Varianten seiner selbst.

Werfels Jacobowsky fiel insofern etwas heraus, als er von all diesen Figuren wahrscheinlich die positivste ist: der kleine Jude, der auf seiner Flucht vor den Nazis quer durch Europa nie seinen Humor und den Glauben verliert, daß alles noch ein gutes Ende finden wird, und für den es im Leben immer zwei Möglichkeiten gibt.

Freitag, 17. Juni 1983 *Burgtheater*

PREMIERE

Jacobowsky und der Oberst

von Franz Werfel

Jacobowsky	Kurt Sowinetz
Oberst Tadeusz Boleslav Stjerbinsky	Klausjürgen Wussow
Marianne	Sylvia Lukan
Szabuniewicz	Michael Janisch
Der tragische Herr	Paul Hoffmann
Madame Bouffier	Aglaja Schmid
Ginette	Hilke Ruthner
Salomon	Wolfgang Dähnhard
Die alte Dame aus Arras	Hilde Wagener
Clementine	Susanne Mitterer
Das junge Mädchen	Guenes Temeltas
Die leichte Person	Gabriele Buch
Der Chauffeur	Herbert Kucera
Clairon	Heinz Winter
Der Brigadier	Kurt Schossmann
Der Commissaire Spécial	Karl Mittner
Ein Oberleutnant	Thomas Stroux
Ein Tourist	Erwin Steinhauer
Der Würfelspieler	Rudolf Melichar
Chef d'Ilot	Rudolf Paczak
Witwer	Ernst Princz
Kleines Mädchen	Julia Schober
Kleiner Junge	Stefan Stagl

Inszenierung	Otto Schenk
Bühnenbild	Matthias Kralj
Kostüme	Monika von Zallinger
Musik	Anton Gisler
Dramaturgie	Reinhard Urbach
Regieassistenz	Angela Zabrsa
	Bruno Max
Inspizient	Franz Holesovsky
Souffleuse	Andrea Purkhauser
Technische Einrichtung	Friedrich Schlanzar
	Herbert Kratochvil
Beleuchtungseinrichtung	Ernst Prawetz
Akustik	Otto Hertl
Maske	Christine Seewald
	Josef Stuckenberger
Dekorations- und Kostümherstellung	Werkstätten der Bundestheater
Pause	nach dem 4. Bild
Beginn	19 Uhr
Ende	21.45 Uhr
Bühnenrechte	S.-Fischer-Verlag, Frankfurt am Main
Programmdienst der Bundestheater	Telefon 15 18
Preis des Programms	S 15,–

Besetzungszettel »Jacobowsky und der Oberst« von Franz Werfel, Burgtheater, 1983

Jacobowsky: *(in der monotonen Art eines Wiegenliedes)*
Dies sind die zwei Möglichkeiten immer wieder des umherirrenden Jacobowsky. Entweder sperren die Franzosen besagten Jacobowsky ein, weil er keine Papiere hat, oder sie liefern ihn den Nazis aus. Sperren die Franzosen ihn ein, das ist doch gut! Liefern sie ihn den Nazis aus, dann gibt es zwei Möglichkeiten. Entweder stecken die Nazis besagten Jacobowsky in das Schreckenslager von Gurs, oder sie verschleppen ihn mit hunderttausend anderen nach Polen. Stecken sie ihn in das Schreckenslager von Gurs, das ist doch gut! Verschleppen sie ihn nach Polen, da gibt es zwei Möglichkeiten. Entweder bringen die Nazis besagten Jacobowsky schnell um, oder sie quälen ihn langsam zu Tode. Bringen sie ihn schnell um, das ist doch gut. Quälen sie ihn langsam zu Tode, da gibt es zwei Möglichkeiten.
Entweder sie scharren ihn lebendig ein bis zum Kopf ...

Marianne: *(hält sich die Ohren zu)*
Genug! Still! Ich kann das nicht ertragen ...

Jacobowsky, der auch der Meinung ist, daß »die Lage hoffnungslos, aber nicht ernst ist«, und der vor allem, selbst als es für ihn keinen Ausweg zu geben scheint, sagt: »Im Regen wächst man.« Das ist die Philosophie des Optimisten Jacobowsky.
Kurt war eher ein Pessimist. Getroffen haben sich er und Jacobowsky bei dem Satz, den dieser, komplett durchnäßt, bei Donner und Blitz, doch immer noch mit einem inneren Lächeln gegen den Himmel gewandt ausruft: »Wächst man wirklich ...?«
Was kann man von einem Theaterstück Schöneres sagen, als daß man sich drei Zitate daraus ein bißl zur Lebensweisheit machen kann.

OSKAR WERNER

Er war ein Kollege aus Zeiten, in denen er und Kurt noch in den Kinderschuhen der Schauspielerei steckten.
Sie sind sich, abgesehen von einigen Engagements am selben Haus, nicht oft in ihrem Leben begegnet, doch wenn, dann intensiv. Der eine der Exzentriker mit einer internationalen Erfahrung; der andere der Introvertierte, der den deutschsprachigen Raum nie verlassen hat. Beide sprachen eine Sprache, was das Theater, den Film betraf. Denn Oskar Werner lebte, beinahe ausschließlich, für dieses Genre, während Kurt ja genauso auf den Gebieten der Malerei, der Bildhauerei und der Technik zu Hause war.
Als Oskar nach seinem langjährigen »Exil« in Liechtenstein Anfang der achtziger Jahre nach Wien zurückkehrte, scharte er Abend für Abend Freunde und solche, die er dafür hielt, aus früheren Jahren um sich. Auch Kurt und ich waren einige Male bei diesen Zusammenkünften dabei.
Oskar Werner hatte sich aus seinem Beruf praktisch zurückgezogen, er konnte mit der Art und Weise, wie bereits zu dieser Zeit Theater gemacht wurde, nichts mehr anfangen. Er wollte sich

nichts dreinreden lassen von Regisseuren, deren Auffassung von einem Stück er nicht teilte, wollte nicht als »Der Schwierige«, sondern lieber als »Der Unbestechliche« bezeichnet werden und als sein eigener Herr ins Theaterleben zurückkehren. Er hatte dazu große Pläne. Wollte nach seiner eigenen Vorstellung inszenieren und spielen. Kurt sollte dabeisein. Er plante ein großes Festival in Liechtenstein und eine Inszenierung von *Julius Cäsar* an der Burg, hatte ganz genaue Vorstellungen von der Besetzung und bereits Entwürfe für das Bühnenbild. Das ganze Konzept hatte er im Kopf und schilderte uns, als er einmal bei uns im Weinviertel zu Gast war, seine Version des Shakespeare-Dramas bis ins letzte Detail als großen Monolog, in unserer Küche stehend. Nicht als Vorhaben, sondern so, als ob es bereits stattgefunden hätte.

Kurt und ich lauschten sprachlos – der Vortrag zog sich über Stunden hin. Alles wurde in seiner Schilderung auf verrückte Weise real. Er wurde *zu Cäsar*, und in der engen, mittlerweile dunklen Küche erschuf er die ganze Bühne mit einer solchen magischen Eindringlichkeit, daß Kurt und ich, nachdem er uns um zirka ein Uhr früh verlassen hatte, erschöpft und ausgelaugt zurückblieben.

Die meisten seiner Pläne wurden nie realisiert. Bis auf ein Festival in der Wachau ...

Er war mit seinen Ideen dadurch, daß er bereits Spielorte ausgesucht, Bühnenbilder geplant und

Schauspieler mehr oder weniger fest engagiert hatte, sicherlich näher an deren Verwirklichung herangekommen als Kurt mit seinem oft ziellosen Spintisieren. Doch ich habe in diesen Dingen eine gewisse Parallele im Denken der beiden entdeckt. Jeder von ihnen erschuf Welten in seinem Kopf, Landschaften der Phantasie. Aber bei Kurt hatte ich manchmal das Gefühl, es reichte ihm völlig, einen Abend lang über ein Projekt zu philosophieren – »Man müßt ... eigentlich dieses oder jenes Stück wieder spielen« –, um diese Idee dann im luftleeren Raum davonschweben zu lassen. Bei Oskar war das, wie gesagt, sicher nicht ganz so der Fall, doch dadurch, daß beide ihre Gedanken formulierten, wurden diese, wenn auch nur für die wenigen Menschen, die zuhörten, fast gegenständliche Wirklichkeit.

Oskar sagte einmal: »Ein Sommernachtstraum ist nur so lange ein Sommernachtstraum, wie die Schauspieler auf der Bühne ihn dazu machen. Wenn die Vorstellung vorbei ist, wird der Wald wieder zur leblosen Kulisse aus Papier, Pappmaché, Plastik und Holz.«

Er war auch anderer Ansicht als sein verehrter Kollege Laurence Olivier, der meinte, beim Theaterspielen müsse man den Leuten »die Illusion« geben. Oskar meinte, man müsse ihnen »den Traum« geben. Sonst hieße es ja »die Sommernachtsillusion«.

Als Kurt Oskars Plänen zuhörte, widersprach er ihm keine Sekunde, obwohl er davon überzeugt

war, daß das alles wohl nie stattfinden würde. Er ließ ihn in seinem Glauben, wollte er doch selbst gern in seinem Glauben gelassen werden.
Beide träumten – jeder auf seine Weise ein »Mann von La Mancha« – den unmöglichen Traum. Und wenn man ihnen beim Träumen zusah, war man gerne der Sancho Pansa.

DIE LETZTEN ROLLEN

Claus Peymann übernahm die Direktion des Burgtheaters im Jahre 1986. Hier darüber zu schreiben, was für eine umstrittene Person er in den folgenden Jahren werden sollte, ist müßig.
Kurt wurde manchmal vorgeworfen, er würde sich »in Sachen Peymann« zu wenig engagieren. Doch Kurt ist sein Leben lang ein Individualist geblieben. Er ließ sich nicht einordnen. Weder in Pro- noch in Kontra-Formationen. Ein »Garderober« von ihm brachte dieses Thema einmal sehr gut auf den Punkt: »Wann's dem Kurti nimmer paßt, dann nimmt er sein Kapperl und geht. Aber dann kummt er nimmer z'ruck.«
Kurt blieb. 1990 arbeitete er das erste Mal mit Claus Peymann zusammen: Er spielte den Walter Fürst in dessen Inszenierung von Schillers *Wilhelm Tell.* Kurt und er verstanden sich. Gut. Vielleicht sind sie auf ihren Reisen ins Land der Phantasie manchmal zusammen auf demselben Schiff gesegelt.
Ja, und die letzte Premiere, die Kurt spielte, das allerletzte Mal, daß er auf der Bühne stand, war auch in einem Stück, das Claus Peymann inszeniert hatte: *Ein Volksfeind* von Ibsen. Kurts Partner

war ein Kollege, der Kurt in den Jahren am Burgtheater zu einem guten Freund geworden war: Karlheinz Hackl. Mit dem *Volksfeind* ging also Kurts Zeit am Burgtheater zu Ende. Ohne daß diesmal ein neues Engagement, eine Antrittsrolle an einem anderen Haus in Aussicht stand. Kurts »Dasein« in so vielen Rollen, daß man sie gar nicht mehr zählen kann, fand im Morten Kiil einen sanften Ausklang.

– – – Zweimal stand ich mit ihm gemeinsam auf der Burgtheaterbühne. Ich wurde 1985 nach einem Vorsprechen bei Hans Hollmann für Canettis *Hochzeit* ans Burgtheater engagiert, und wir spielten zusammen in Nestroys *Umsonst* und Gorkijs *Kinder der Sonne.* Wir hatten bei der Arbeit nie das typische Vater-Tochter-Verhältnis. Er fühlte sich nie bemüßigt, mir zuzuschauen, mir Tips zu geben. Erstens, weil er der unaufdringlichste Mensch auf der Welt war und mich ganz einfach als vollwertige junge Kollegin betrachten konnte, und zweitens, weil er bei der Arbeit äußerst konzentriert auf seine eigene Rolle und mit seinen Schwierigkeiten beschäftigt war.
Das Schöne bei diesen Produktionen war, daß ich ihn sehen konnte, wie ich ihn ja nie zuvor gesehen hatte. Unzählige Male bin ich »unten« gesessen, wenn er gespielt hat, doch hier sah ich ihn – er bemerkte mich gar nicht im Dunkeln der Hinterbühne – manchmal zu seinen Auftritten gehen. Es war ein anderer Mensch als der Vater, den ich

kannte. Es war ein Mensch ganz für sich. Wie soll ich sagen? Ein Mensch, der über fünfundvierzig Jahre immer und immer wieder zu seinem Auftritt gegangen ist. Zu Erfolgen, zu Mißerfolgen, in Rollen, die er gern und die er weniger gern spielte, mit Freude, mit Bauchweh, mit Angst. Ich sah einen kleinen Mann an mir vorübergehen, der all das mit sich trug. Er trug ein ganzes uneitles Schauspielerleben über die Hinterbühne. Und er klopfte dreimal auf die schwarzen Bühnenbretter, bevor er »hinausging«.
Zu dem Zeitpunkt, als ich all das beobachtete, habe ich das Gefühl gehabt, er ist gerade dabei, mit etwas abzuschließen. Sich von etwas zu verabschieden. Im nachhinein betrachtet, hat er das ja auch getan. Ich hatte das gleiche Gefühl, wie wenn er und ich bei unseren jährlichen Weihnachtseinkauf-Spaziergängen darüber debattierten, daß er für dieses oder jenes Geschenk für dich oder mich doch nicht so viel Geld ausgeben soll, und er sagte: »Warum? Solange es noch geht ...«

ALBATROS

Kurt litt seit einiger Zeit unter Schluckbeschwerden. Nach der Premiere von *Volksfeind* ging er zum Arzt. Diagnose: unheilbar. Ich versuchte, die unausweichliche Wahrheit von ihm fernzuhalten. Er ahnte wohl, wie es um ihn stand, doch er wollte nicht darüber sprechen. Er gab die Parole für das »große Spiel« aus: »Ich weiß, was ich habe, du weißt, was ich habe, aber wir reden nicht davon.« Schließlich konnte er auf Grund seiner Phantasie wahrscheinlich auch die andere Realität herstellen, nämlich die, bei der alles noch gut ausgeht.
Ich kann nur sagen, daß man nach dem ersten Schock, den man nicht beschreiben kann, sich selbst vergißt und einen Motor anwirft, der einem den Antrieb gibt, für den anderen zu erreichen, daß alles so schmerzlos wie möglich für Körper und Seele »über die Runden geht«. Und nur mehr das tut, was der Erich Neuberg vor so vielen Jahren geraten hatte: »Paß ma auf den Kurti auf ...«
Man versucht, die größtmögliche Normalität herzustellen. Solange Kurt zu Hause sein konnte, saßen wir manchmal mit Freunden und haben die halbe Nacht getratscht. So, als ob nichts wär.

Sessel am Meeresstrand, Aquarell 1990

Und selbst im Krankenhaus schauten wir Abend für Abend den Sport im Fernsehen an, und Heinz Marecek brachte Kurt in seinen letzten Tagen noch die Spielregeln von »Snooker« bei.
Kurt hat seinen Humor nicht verloren. Einmal rief er seinem Arzt, der bei der Visite zu ihm gesagt hat, er wolle ihm nicht zu nahe kommen, weil er Grippe habe, nach: »Herr Doktor! Wenn S' was brauchen, dann läuten S' mir ruhig!«
Er hörte auch nicht auf, Dinge zu planen »für dann«. So vieles, das er vorhatte, blieb in diesem Leben unvollendet oder überhaupt nur in seinem Kopf.
In seinem letzten Sommer hatte er eine ganze Reihe von Aquarellen gemalt und zu diesem Zweck die Technik anhand von Fachbüchern

Puck, Sommernachtstraum, Aquarell 1986

noch einmal neu studiert. Er ging also von der aufwendigen Öltechnik über auf die einfachere Form, wo jedoch jeder Strich, den man aufs Papier gibt, sitzen muß. Es entstanden Bilder, die das Wasser zum Thema hatten. Das Meer: Ein Sessel am Strand, eine Lichtquelle am Himmel – Sonne? Mond? –, deren Reflexion sich in den Wellen bricht. Immer wieder hatte er zwischendurch Aquarelle gemalt, wenn er nicht soviel Zeit hatte. Ab Sommer 1990 blieb er dabei.

Regie zu führen hätte ihn sehr interessiert. Er hat's natürlich wieder einmal niemandem gegenüber erwähnt, und so hat er sich lieber, zum Beispiel, seinen »Sommernachtstraum« mit all der transparenten Leichtigkeit und Poesie als Aquarell gemalt. Das war 1986.

Wie immer in seinem Leben ist schließlich jemand anderer an ihn herangetreten und hat ihm eine Regie angeboten. Aber diesmal war es zu spät ...

Der *Sommernachtstraum*. Darüber hat er oft philosophiert, wenn er bei uns im Weinviertel im Innenhof gesessen ist, an einem lauen Sommerabend, mit vielen Sternen: Hier könnte der Puck im Ahornbaum auftauchen – »He Geist, wo geht die Reise hin ...?« –, und im Gras würden die Feen und Elfen wohnen. Und die verwirrten Liebespaare würden erscheinen, zwischen den Ahornbäumen. Zettel und die Elfenkönigin hätten wahrscheinlich in unserem Stadl im Heu ihr Bett gehabt.

Der Puck, den er gemalt hat, hat schwarze Krallen, mit denen er sich unterm Arm kratzt, einen roten Schopf, die Augen einer Frau, er trägt Blumen und Kirschen im Haar. Kurt hat gemeint, das sind die Züge von uns beiden, vom Pony Eldur und von unserem Hund. Es ist ein zartes, luftiges, fröhliches Bild.

Das alles waren Dinge, die sich in seinem Kopf abgespielt haben, Phantasien, so real und irreal, so nah und so fern wie die Sterne über den Hügeln vom Weinviertel.

Man bekam über die Jahre immer mehr das Gefühl, daß er nur, wenn er dort sitzen konnte, in seinem Innenhof, wo aus der einen Mauer heraus ein riesiger Baum wächst, wirklich frei und ruhig und zufrieden war. Er lebte da wie auf einer Insel, zurückgezogen und abgeschirmt von der Welt, an diesem Ort, der ihm so viel Raum gewährte, nachzudenken, schöpferisch tätig zu sein, zu träumen und zu schauen. Man bekam mehr und mehr das Gefühl, daß er sich in Wien, in der Wohnung, eingeschlossen fühlte. Genaugenommen ist er, als wir von Ottakring in den 7. Bezirk übersiedelt sind, dort gar nicht mehr richtig eingezogen. Er lebte da immer auf dem Sprung, in der Erwartung, möglichst bald wieder in sein Dorf im Weinviertel zu kommen. Dorthin, wo er so viel begonnen hatte, vieles aber nicht mehr realisieren konnte.

Zum Beispiel die Dampfmaschine, von der schon der Kessel existiert und die so groß sein sollte, daß sie zwei Personen transportieren konnte. Er experimentierte mit kleinen, solarzellenbetriebenen Fahrzeugen; er hatte vor, ein Windrad aufs Dach zu montieren, um Energie gewinnen zu können; er befaßte sich mit der sinnvollen, harmonischen Nutzung der Elemente. In einem Interview sagte er einmal: »Ich möchte gern ein Atom von Leonardo da Vinci sein!«

Kurt träumte sein Leben lang immer wieder, daß er fliegen kann. Wobei die Betonung auf »kann« liegt. Manchmal sagte er, bevor er einschlief: »Ich flieg heut nacht zum Belvedere. Über den Brunnenmarkt die Josefstädterstraße hinunter, am Theater in der Josefstadt vorbei, übers Burgtheater und die innere Stadt, ich überquere den Heiligenkreuterhof ganz tief, so wie ich mir überhaupt während des Fluges die Hinterhöfe von Wien genau betrachte, die sonst hinter den Fassaden der Häuser versteckt bleiben. Ich flieg zum Schwarzenbergplatz und über die Prinz-Eugen-Straße zum Belvedere. Um halb drei Uhr früh bin i durt. Kommst a hin?«

Sein Vogel war der Albatros, dessen Flugverhalten ihm sehr imponiert hat. Er experimentierte mit Papierfliegern, denen er die verschiedensten Flügelstellungen gab, mit Flugzeugen, deren Flügel aus echten Federn bestanden, und mit Modellen aus Balsaholz, deren Flügel mit Fallschirmseide bespannt waren. Das Ziel, das er im Kopf hatte, dem alle diese Experimente dienen sollten, war ein Segelgleiter mit der riesigen Spannweite eines Albatros, bei dem man per Fernsteuerung nur die Flügelstellung zu verändern braucht.

Der Albatros: der eigentlich aussieht, als wäre er zum Fliegen nicht geeignet. Wie der Mensch ...? Der auf dem Boden und sogar noch beim Start plump und schwerfällig erscheint, als würde er es nie schaffen. Und doch, wenn er abhebt in die Lüfte, wenn er da oben ist und fliegt, erreicht er mit einem Minimum an Energie, mit der Nutzung des kleinsten Lüftchens ein Maximum an Eleganz, an Leichtigkeit im Flug.

Fliegen. Ein Traum von Kurt – und mehr. Man müßt mit an Vogerl Bruderschaft trinken. Mit einer Amsel genauso wie mit einem Albatros. Man müßt ... einer sein!?

Bei allem, was er nicht mehr verwirklichen konnte,

hat man doch das Gefühl, er hat ein ganzes, rundes, volles Leben hinter sich gebracht. Was das Ende betrifft, wollten wir ja schon anfangs versuchen zu sagen, daß es so was gar nicht gibt. Weil nichts ganz einfach aufhört zu sein, und weil das Leben mit dem Tod keinen Schiffbruch erleidet.
Er ist eingeschlafen. Hat sein Kapperl genommen und ist davon ... Weggeflogen. Dorthin, wo man zur Verwirklichung seiner Träume keine Drehbänke, Leinwände, Theaterbühnen braucht.
Kurt hat in eine Zeit hineingelebt, nach dem Krieg, wo alles im Wachsen war, mit vielen besonderen Menschen um sich. Viele von ihnen sind ihm vorausgegangen.
Es war eine besondere Zeit, mit einer unglaublichen künstlerischen Vielfalt, Zeiten mit Humor und Freude und Hoffnung – höre ich manche von Ihnen sagen.
Die Zeiten sind vorbei, höre ich mich selber sagen. Doch nicht die Zeiten machen die Menschen, die Menschen machen die Zeiten.
Und es gibt ja immer wieder zwei Möglichkeiten, um mit Jacobowsky zu sprechen. Ob man, wenn alles hier vorüber ist, über sein Leben sagen kann, daß man im Regen gewachsen ist, das bleibt wohl jedem einzelnen selbst überlassen.
Und so kommt hier, in den letzten Zeilen, wieder das Lieblingslied von Kurt ins Spiel. Das Lied des Narren aus *Was ihr wollt* über den Regen. Man muß sich Kurt im Innenhof sitzend vorstellen, an dem alten grünen Tisch mit dem abblätternden

Lack, mit einer Gitarre in der Hand, ein Glas Wein vor sich, den Blick irgendwo in den Nachthimmel gerichtet. Und er sinniert auf eine leise, selbsterfundene Melodie mit melancholischer Heiterkeit oder heiterer Melancholie:

Und als ich ein winzig Bübchen war,
Hopp heißa, bei Regen und Wind!
Da machten zwei nur eben ein Paar;
Denn der Regen, der regnet jeglichen Tag.

Und als ich vertreten die Kinderschuh',
Hopp heißa, bei Regen und Wind!
Da schloß man vor Dieben die Häuser zu;
denn der Regen, der regnet jeglichen Tag.

Und als ich ach! ein Weib tät frein,
Hopp heißa, bei Regen und Wind!
Da wollte mir Müßiggehn nicht gedeihn;
Denn der Regen, der regnet jeglichen Tag.

Und als der Wein mir steckt' im Kopf,
Hopp heißa, bei Regen und Wind!
Da war ich ein armer betrunkener Tropf;
Denn der Regen, der regnet jeglichen Tag.

Die Welt steht schon eine hübsche Weil',
Hopp heißa, bei Regen und Wind!
Doch das Stück ist nun aus, und ich wünsch euch viel Heil;
Und daß es euch künftig so gefallen mag.
(Ab.)

PERSONENREGISTER

Efalin, 301 Seiten mit 40 Bildern

ISBN 3-85002-301-X

Efalin, 304 Seiten mit 39 Bildern

ISBN 3-85002-317-6